SANACIÓN DEL NIÑO INTERIOR PARA ADULTOS

Trucos Prácticos para que los Adultos Dejen de Sentirse Rotos y Logren Instantáneamente Seguridad Emocional y Calma

Audrey Bradley

PREFACIO

Este libro no trata sobre aliviar el dolor. No se trata de forzar el crecimiento. Se trata de un regreso a casa quieto y gentil.

¿Alguna vez has sentido ese dolor hueco? Esa sensación persistente e inquietante de que te falta una parte de ti, quizás a la deriva en algún lugar del pasado?

En el abarrotado paisaje de la autoayuda, muchos libros te dicen que sanar significa repararte, realizar dolorosas cirugías emocionales, o esforzarte incansablemente hacia una mejor versión de quien eres. No haremos eso aquí. Estamos haciendo algo mucho más suave y profundo.

Estamos construyendo un santuario.

Piensa en este libro no como un texto académico, sino como una manta cálida y un espacio seguro, esperando pacientemente tu llegada. Este viaje no se mide en rupturas radicales, sino en momentos de ternura silenciosa. Vamos a aprender cómo dejar de sentirnos rotos, no tratando frenéticamente de reparar viejas heridas o borrar viejas historias, sino creando seguridad interior en este momento, en el presente.

Aquí es donde aprendes a convertirte en el padre que siempre necesitaste: la presencia tranquila, aceptante y absolutamente confiable que vigila tu corazón.

Bienvenido a casa.

TABLE DES MATIÈRES

INTRODUCCIÓN

LA VERDAD CHOCANTE SOBRE POR QUÉ TE SIENTES ROTO (Y EL TRUCO DE SEGURIDAD DE 5 MINUTOS QUE PRUEBA QUE ES UNA MENTIRA)

¿Llevas ese peso? Esa sensación pesada y hundida que te dice que te falta una parte de ti. Que eres fundamentalmente defectuoso. Que estás roto más allá de la reparación.

Esta creencia persistente de que eres un bien dañado es la mayor mentira que jamás se te haya contado sobre ti mismo.

Ese profundo dolor hueco que sientes no es un estado permanente de destrucción. Es un mensajero. Es prueba de que algo esencial se perdió hace mucho tiempo. Lo que percibes como "rotura" es simplemente una necesidad no satisfecha que grita fuerte por atención de la única persona que puede satisfacerla verdaderamente: tú.

Este libro representa un cambio radical en la perspectiva. Durante demasiado tiempo, el camino hacia el bienestar ha exigido inmersiones profundas en el dolor, obligándote a revivir heridas en nombre de la sanación. Hemos terminado con ese camino.

Nos estamos alejando completamente de la exploración del trauma. Estamos trasladando nuestro enfoque al 100% a la creación de seguridad.

Tu sanación no comienza en el pasado; comienza en tu sistema nervioso, aquí y ahora. No puedes procesar el dolor antiguo cuando tu cuerpo está atrapado en una alarma alta. El primer paso hacia la plenitud es lograr la calma fisiológica.

Vamos a usar trucos prácticos y accionables que inmediatamente calman tu timbre de alarma interno. No son terapias que duran un año. Son intervenciones de cinco minutos que demuestran, de inmediato, que estás a salvo, estable y completo. Comenzamos aquí porque la seguridad emocional y la calma son alcanzables hoy.

El núcleo de este trabajo es la re-parentalidad. Estamos aprendiendo a brindar a las partes más jóvenes y heridas de nosotros mismos el amor incondicional y la estabilidad que siempre merecieron. No te estamos empujando a actuar o a probar tu valía. Te estamos sosteniendo en un espacio de estabilidad suave.

Vas a convertirte en el padre inquebrantable que siempre necesitaste.

Este viaje no se trata de reparar un defecto que no existe. Se trata de integrar todas las partes de ti mismo: las partes asustadas, las partes capaces, las partes juguetonas, en un ser humano completo y auténtico.

Este es el viaje hacia la integralidad. Bienvenido a casa.

CAPÍTULO 1

POR QUÉ EL NIÑO INTERIOR NO ES UNA HERIDA QUE DEBE SANARSE, SINO LA CLAVE SECRETA PARA LA ACEPTACIÓN INSTANTÁNEA DE UNO MISMO

Nos han contado una gran mentira sobre nosotros mismos.

Nos han dicho que estamos rotos.

Tal vez lleves ese peso ahora mismo.

Se siente pesado sobre tus hombros.

Se siente como un defecto fundamental en tu diseño.

Esta sensación pesada a menudo se vincula al concepto del Niño Interior.

En la psicología popular, el Niño Interior se presenta generalmente como una herida.

Se enmarca como la fuente de todo tu dolor.

Nos dicen que debemos pasar años desenterrando esa herida.

Debemos examinar el trauma bajo una lupa.

Debemos perseguir incansablemente la "sanación".

¿Suena agotador?

Lo es.

¿Y si toda esa premisa es defectuosa?

¿Y si el Niño Interior no es una herida que debe sanarse, sino simplemente una parte vital y viva de ti que ha estado esperando pacientemente ser aceptada?

Este es el corazón de nuestro nuevo enfoque.

No eres un jarrón destrozado que requiere una delicada y costosa reparación.

Eres un ser humano completo.

Tu yo más joven no es un déficit.

Es historia.

Es memoria.

Es la verdad emocional de tus primeros años.

Cuando lo llamamos herida, lo avergonzamos.

Le decimos a ese yo más joven que está mal existir en esta forma.

Crearemos una guerra civil dentro de nuestras propias mentes.

La parte adulta lucha por arreglar la parte asustada.

La parte asustada se siente atacada y se retira más profundamente a la sombra.

La sensación de rotura es solo el sonido de esa lucha interna.

Vamos a llamar a un alto al fuego de inmediato.

Nos vamos a alejar del lenguaje de la reparación.

Nos estamos moviendo hacia el lenguaje de la bienvenida.

La parte más joven de ti solo está pidiendo un tipo diferente de apoyo.

Está pidiendo aceptación incondicional, aquí y ahora.

Piense en el Niño Interior como el núcleo emocional de tu yo actual.

Está presente en cada momento.

No es un fantasma del pasado.

Es la parte de ti que reacciona con lágrimas repentinas cuando la crítica es leve.

Es la parte de ti que siente una intensa y paralizante vergüenza por un pequeño error.

El cerebro adulto sabe lógicamente que el error se puede recuperar.

Pero la parte más joven siente el viejo y familiar terror.

Recuerda un tiempo en el que los errores significaban castigo o aislamiento.

¡Grita, "PELIGRO!"

Usa la herramienta más rápida y efectiva que haya aprendido: cierre.

Llevas a ese pequeño dentro de ti constantemente.

Sentirás su miedo a veces.

¿Eso es realmente rotura?

No.

Es la memoria hablando muy alto.

Es un mecanismo de supervivencia activándose, aún ejecutando viejos programas.

Nuestra cultura nos enseña a tratar estas reacciones como defectos de carácter.

Nos dicen que las reprimamos.

Nos dicen que "seamos adultos".

Nos dicen que actuemos y logremos salir de la inseguridad.

Esto solo hace que el Niño Interior se esconda.

Lo hace desesperado.

Cuanto más intentamos desempeñarnos para obtener aceptación, más actúa la parte necesitada dentro de nosotros.

Esto conduce al agotamiento, la ansiedad y una persistente sensación de ser un impostor.

Te sientes vacío porque has estado luchando contra la muy base de tu vida emocional.

El cambio que necesitamos es radical, pero simple.

Dejamos de pelear.

Comenzamos a ser padres.

Eres la única persona que puede convertirse en el padre perfecto para ti mismo.

Tienes la perspectiva.

Tienes los recursos.

Tienes el amor incondicional requerido.

Ningún terapeuta, pareja o amigo puede proporcionar la consistencia absoluta que tú puedes proporcionar internamente.

Aquí es donde radica el poder.

Aquí es donde comienza la aceptación instantánea.

La aceptación no se gana haciendo nada.

Se da al estar presente.

Es el momento en que miras dentro de ti y dices: "Lo que sea que sientas, pequeño, está bien para mí."

Necesitamos un marco para mantener esta postura.

Este es el marco de Seguridad Interna.

Este marco se basa en una promesa simple y garantizada: no me abandonaré y me protegeré de ataques internos.

No te pide que arregles el pasado.

Te pide que asegures el presente.

El camino hacia la Seguridad Interna comienza con el cuerpo.

Debemos entender que la plenitud emocional es imposible si tu sistema nervioso está perpetuamente en alerta máxima.

Si la parte más joven de ti siente peligro físico, no escuchará el diálogo racional interno.

No puede.

Su directiva principal es la supervivencia.

Su lenguaje es físico: un corazón que late fuertemente, respiración superficial, un nudo en el estómago.

Por lo tanto, nuestro primer acto de autoconciencia es crear calma biológica.

Este es el enfoque del Capítulo Dos.

Es donde le enseñamos al cuerpo que la guerra ha terminado.

Es el primer pilar de la Seguridad Interna: Regulación Física.

El segundo pilar es Conexión Suave.

Se trata de curiosidad, no de juicio.

Cuando sientes una tristeza repentina y aguda, en lugar de criticarte, te detienes.

Le preguntas a la parte más joven: "¿Qué necesitas en este momento?"

Este es el momento de la escucha profunda.

El Niño Interior a menudo habla en necesidades.

El miedo significa que necesito certeza.

La inquietud significa que necesito movimiento.

Las lágrimas significan que necesito consuelo y permiso para sentirme visto.

No tratamos de suprimir la emoción.

Tratamos de entender la solicitud detrás de la emoción.

Escuchamos hasta que oímos la pequeña y silenciosa voz.

Este simple acto de escucha atenta crea una validación interna profunda.

Le muestra a tu yo más joven que su existencia importa.

Le enseña al yo más joven que sus sentimientos son señales válidas, no defectos.

La validación es la principal nutrición que el Niño Interior a menudo le faltaba.

El tercer pilar es Protección Inquebrantable.

El yo adulto es responsable de establecer límites.

Si la parte más joven de ti experimentó caos o inconsistencias, aprendió que el mundo era inseguro.

Necesita una estructura ahora que sea confiable.

Esto significa protegerte externamente de personas y compromisos que drenan tu energía.

Significa protegerte internamente de la tiranía del Crítico Interno.

Te haces cargo como el padre confiado que dice: "Yo me encargaré de esto".

Dejas de permitir que el Crítico Interno destruya tu autoestima.

Te conviertes en el escudo.

Te conviertes en la base.

Esta estructura demuestra a la parte más joven que finalmente hay alguien a cargo.

Ese alguien eres tú.

La magia del marco de Seguridad Interna es que es instantáneamente operativo.

No espera la resolución total del trauma.

Dice: "Estás a salvo ahora, y te lo demostraré a diario".

Esta certeza inmediata es la clave secreta para la autoaceptación.

La autoaceptación es simplemente el acuerdo interno de que todas las partes de ti pertenecen.

Cuando dejas de etiquetar tu miedo como roto y comienzas a etiquetarlo como una necesidad insatisfecha, dejas de pelearlo.

Cuando dejas de pelear, te vuelves entero.

El Niño Interior no es una carga que gestionar.

Es un activo invaluable.

Contiene tu creatividad.

Contiene tu alegría desenfrenada.

Contiene la verdad de quién eres sin las capas del desempeño adulto.

La parte infantil es la fuente de asombro y espontaneidad.

Pero esa alegría y asombro sólo pueden emerger cuando el miedo se disipa.

El miedo se disipa cuando se garantiza la seguridad.

Nuestro trabajo juntos tratará de proporcionar esa garantía.

Eludiremos la narrativa histórica de dolor y nos centraremos completamente en crear calma en el momento presente.

Estamos aprendiendo a convertirnos en el ancla suave y firme que nuestro sistema emocional siempre necesitó.

Estamos tomando posesión de nuestro paisaje interno.

Estamos aprendiendo que poseemos la capacidad para una profunda autocompasión.

Este no es un proceso pasivo.

Es la elección activa y más poderosa que puedes hacer.

El momento en que eliges aceptar la parte más joven, necesitada y temerosa de ti mismo sin intentar cambiarla, la necesidad comienza a disminuir.

Se relaja porque finalmente ha sido vista y confirmada.

La mentira central se disuelve.

Te das cuenta de que nunca estuviste roto en primer lugar.

Solo eras un adulto capaz y amoroso separado del niño temeroso y necesitado, y ahora están volviendo a unirse.

Este es el camino para volverse completamente, maravillosa y plenamente entero.

EL COSTE PARALIZANTE DE LA MENTIRA DE "ARREGLA TU VIDA": CÓMO BUSCAR LA PERFECCIÓN ASEGURA QUE PERMANEZCAS MISERABLE

Escuchas el mensaje en todas partes.

Arregla esta debilidad.

Mejora ese defecto.

Optimiza tu existencia.

Esta idea pervasive—que debemos ser arreglados—es la mayor trampa en el bienestar emocional moderno.

Suena empoderante, pero conlleva un costo oculto y pesado.

La misma palabra "arreglar" implica una condición previa de rotura.

Significa que eres fundamentalmente defectuoso.

Significa que eres inaceptable en tu estado actual.

Este lenguaje genera vergüenza.

La vergüenza es el combustible que mantiene el ciclo del dolor girando para siempre.

Si te tratas como un proyecto mecánico, siempre sentirás la presión de rendir.

Aplicamos la cultura del logro a nuestras almas.

Medimos nuestra sanación como una métrica de productividad.

¿Diario suficiente esta semana?

¿Reaccioné perfectamente al ser provocado?

Si la respuesta es no, el crítico interno severo entra en acción.

"Fallaste el examen de sanación."

"Eres perezoso."

"Aún estás roto."

Esta búsqueda de perfección en la sanación es agotadora.

Asegura que permanezcas miserable.

El objetivo de la perfección garantiza que nunca llegues a la paz.

¿Por qué?

Porque en el momento en que intentas alcanzar un estado fijo y perfecto, la vida te recuerda que eres humano.

Cometerás errores.

Sentirás emociones desordenadas.

Tropezarás.

Y cuando tropiezas, la vergüenza vuelve rápidamente, demostrando que la solución nunca funcionó.

Te atrapa en un ciclo de esfuerzo y auto-flagelación.

Debemos rechazar esta idea por completo.

No eres una máquina.

No eres una ecuación.

Eres un ecosistema vivo, completo y desordenado.

Se te permite tener rincones polvorientos.

Se te permite tener sentimientos que no tienen sentido.

El cambio que estamos haciendo es radical y silencioso.

Nos estamos alejando del rendimiento.

Nos estamos moviendo hacia una presencia suave.

El rendimiento pregunta: "¿Qué necesito lograr para sentirme bien?"

La presencia pregunta: "¿Qué necesito ahora mismo para sentirme seguro?"

El Niño Interior no necesita un padre perfecto y optimizado.

Necesita un padre confiable y presente.

No necesita que elimines sus heridas pasadas.

Necesita que aceptes su existencia actual.

Necesita que digas: "Está bien que estés aquí.

Está bien que estés luchando.

No me voy a ir."

El verdadero camino hacia la plenitud no es lograr un dominio emocional perfecto.

Es el acto de aceptación.

Cuando dejas de intentar cambiar las partes más jóvenes de ti mismo, dejas de generar vergüenza.

Cuando la vergüenza se disipa, la presión se disuelve.

Cuando la presión se disuelve, encuentras paz en el momento presente.

Te das cuenta de que nunca estuviste roto en primer lugar.

Solo estabas esperando a que finalmente te presentaras.

Y aquí estás.

LA PREGUNTA DEL ESTÁNDAR DE ORO: DEJA DE REPETIR RECUERDOS DOLOROSOS Y DESCUBRE LAS 3 NECESIDADES FUNDAMENTALES QUE CAMBIAN TODO

Necesitamos una nueva regla para mirar hacia adentro.

Hemos terminado de revisar las grabaciones.

Hemos terminado con las repeticiones dolorosas del pasado.

Volver a vivir el trauma no lo sana.

Solo vuelve a traumatizar el sistema nervioso que estamos tratando de calmar.

Ahora nos enfocamos en la observación suave.

Dejamos de preguntar: "¿Por qué me pasó esto?"

Comenzamos a hacer un tipo diferente de pregunta.

Esta pregunta es el estándar de oro para el trabajo interno.

Es simple.

¿Qué faltaba?

No te enfoques en el evento doloroso en sí.

No te enfoques en los gritos, el abandono o el miedo.

Enfócate en lo que el pequeño dentro de ti necesitaba en ese momento exacto.

¿Necesitaba un lugar suave para aterrizar?

¿Necesitaba un abrazo que nunca llegó?

¿Necesitaba que alguien hablara por ellos?

La respuesta nos muestra exactamente lo que debemos proporcionar hoy.

Cambia el enfoque de la victimización a la provisión.

Te convierte en el adulto capaz en el escenario.

Podemos destilar las necesidades más profundas del Niño Interior en tres pilares fundamentales.

Cuando te sientes perdido o reactivo, una de estas tres necesidades ha sido activada.

La primera necesidad fundamental es Seguridad.

Esto significa sentirse protegido.

Significa saber que el gran adulto está vigilando la puerta y manteniendo el caos afuera.

Cuando te sentiste solo, la seguridad faltaba.

Cuando el caos gobernaba la casa o el cuidado era errático, la seguridad faltaba.

Tu trabajo hoy es construir una muralla de protección alrededor de tu mundo interior.

Eres el guardián.

Eres el refugio.

Asegúrate de que el entorno esté tranquilo y predecible.

El Niño Interior necesita saber: Estamos seguros ahora.

La segunda necesidad fundamental es Validación.

Se trata de ser visto y de que tus sentimientos sean creídos.

Esta es la necesidad de ser reconocido tal como eres.

¿Alguien te dijo que "Dejaras de llorar"?

¿Alguien dijo: "No es para tanto"?

Si es así, la validación faltaba.

La pequeña voz fue silenciada o ignorada.

El mensaje recibido fue: Tus sentimientos están equivocados.

Hoy, debes escuchar esa pequeña voz con total veneración.

Debes asentir y decir: "Te escucho. Tu tristeza tiene todo el sentido."

Validas la ira.

Validas la confusión.

La validación es el oxígeno del espíritu.

La tercera necesidad fundamental es Consistencia.

El niño necesita estructura.

Necesita cuidado predecible y estabilidad.

Necesita saber que las reglas de hoy serán las mismas mañana.

Si el cuidado fue amoroso un minuto y cruel al siguiente, la consistencia faltaba.

Si la estabilidad cambiaba según el estado de ánimo de otra persona, la consistencia faltaba.

Esto crea ansiedad en el sistema nervioso.

El yo adulto proporciona esta estructura necesaria.

Creemos rutinas confiables para dormir, alimentarnos y mantener la calma.

Nos presentamos para nosotros mismos, incluso cuando nos sentimos cansados o reacios.

La consistencia construye una confianza profunda.

Prueba al Niño Interior que esta vez, el adulto se queda y la base se mantendrá.

No necesitas psicoanalizar el dolor.

Solo necesitas identificar el agujero.

Solo necesitas nombrar la necesidad.

¿Qué le estás ofreciendo a tu yo más joven ahora mismo?

Seguridad.

Validación.

Consistencia.

Cuando ofreces estas tres cosas, el recuerdo doloroso pierde su poder.

Deja de ser una repetición de daño.

Se convierte en un mapa hacia tu propia sanación.

Comienza a llenar esos vacíos, con suavidad y consistencia.

Ese es el camino hacia la seguridad interna.

CAPÍTULO 2

EL MECANISMO DE LA "LUZ PILOTO INTERNA" - 3 HACKS INSTANTÁNEOS DEL SISTEMA NERVIOSO PARA DETENER ATAQUES DE PÁNICO EN MENOS DE 90 SEGUNDOS

Hablamos sobre la creación de seguridad interna.

Hablamos de la pequeña parte asustada de ti.

Pero la seguridad no puede construirse sobre un terreno inestable.

El terreno es tu cuerpo.

La base para todo trabajo interior es la calma física.

No puedes razonar con un sistema que está gritando por sobrevivir.

Imagina intentar enseñar álgebra a alguien que está huyendo de un oso.

Es imposible.

La sanación emocional es imposible cuando tu sistema nervioso está convencido de que el oso está en la habitación.

Este capítulo cambia el cableado.

Estamos pasando de la teoría a la acción instantánea.

Estamos aprendiendo cómo detener el ataque de pánico antes de que alcance su máxima velocidad.

Estamos estableciendo la Luz Piloto Interna.

Esta luz es tu mecanismo incorporado para una seguridad inmediata.

Siempre está ahí.

Solo necesitamos aprender a activar el interruptor.

Hablemos sobre el sistema de alarma del cuerpo.

Es antiguo.

Es brillante.

También está profundamente equivocado acerca de la vida moderna.

Este sistema se llama sistema nervioso autónomo.

Tiene dos modos principales.

El pedal del acelerador es el Sistema Nervioso Simpático.

Grita: "Peligro."

De aquí proviene la reacción de lucha o huida.

Tu corazón late con fuerza.

Tus músculos se tensan.

La sangre se aleja de tus órganos digestivos hacia tus extremidades.

Te sientes listo para huir o luchar.

Pero, ¿qué pasaría si no puedes correr?

¿Qué pasaría si no puedes pelear contra el casero, el jefe o el recuerdo?

Entonces, tu sistema pisa el freno.

Esta es la respuesta de Congelación.

Este es el tercer pilar del pánico.

Está regulado por una rama del nervio Vago.

Este es el apagado.

Te sientes entumecido.

Te sientes desorientado o mareado.

Experimentas esa extraña e incapacitante pesadez para moverte o hablar.

Este es el mecanismo de colapso.

Es una estrategia de supervivencia, diseñada para hacerte jugar a estar muerto.

Tu cuerpo está diciendo: "Si no puedo escapar, tal vez pase desapercibido."

Cuando hablamos de que el Niño Interno se siente roto, esto es a menudo lo que estamos sintiendo.

Es el residuo de viejos timbres de alarma sonando, mucho después de que el fuego se haya extinguido.

El viejo cableado sigue entrando en acción.

¿Sientes esa contracción en tu estómago?

Eso es el sistema simpático diciendo: "Estamos bajo ataque."

No podemos sostener y tranquilizar al Niño Interno cuando el adulto se prepara simultáneamente para el impacto.

Primero debemos calmar el cuerpo.

Debemos demostrar a las partes más profundas de tu cerebro que estás a salvo en este momento.

Hacemos esto con trucos simples e inmediatos.

Nuestro mecanismo de calma es el Sistema Nervioso Parasimpático.

Es el pedal del freno.

Dice: "Descansa y digiere."

La línea de comunicación principal para este sistema es el nervio Vago.

Piénsalo como el cable de control central que va desde tu tronco encefálico hacia tu cuello, pecho y abdomen.

Monitorea y regula todo lo crucial: respiración, frecuencia cardíaca, digestión.

Cuando activas el nervio Vago, le estás diciendo literalmente a tu cerebro: "La emergencia ha terminado. Desacelera."

Esta activación se llama Tonificación Vagal.

Es como encendemos la luz piloto interna.

No necesitamos años de meditación para hacer esto.

Necesitamos noventa segundos de movimiento intencional.

Nos vamos a centrar en tres maneras simples de acceder a este sistema y crear seguridad instantánea.

Truco 1: El Reinicio de la Respiración: Respiración 4-7-8

El truco más inmediato es controlar la respiración.

Cuando llega el pánico, ¿qué sucede con tu respiración?

Se vuelve superficial y rápida.

Esto alimenta el ciclo de pánico.

La respiración rápida y superficial envía una señal: "El peligro está cerca, necesitamos oxígeno para luchar o huir."

Debemos revertir esa señal.

Hacemos esto al alargar la exhalación.

La técnica 4-7-8 es profundamente efectiva.

Se tarda menos de un minuto.

Obliga a tu cuerpo a cambiar de la excitación simpática al descanso parasimpático.

Aquí está el protocolo exacto.

Encuentra una posición cómoda.

Apoya la punta de tu lengua contra el borde de tejido detrás de tus dientes frontales superiores.

Manténla ahí durante todo el proceso.

Esto ayuda a calmar tus músculos faciales.

Paso uno: Exhala completamente por la boca, produciendo un sonido suave de "whoosh".

Vacía por completo los pulmones.

Paso dos: Cierra la boca e inhala silenciosamente por la nariz contando hasta cuatro.

Cuento de cuatro segundos completos.

Paso tres: Mantén la respiración contando hasta siete.

Esto permite que el oxígeno sature tu sistema.

Esta pausa es vital.

Paso cuatro: Exhala completamente por la boca, haciendo ese sonido de "whoosh" de nuevo, contando hasta ocho.

La exhalación debe durar el doble que la inhalación.

Esos ocho segundos de exhalación son la clave.

Envía una señal de seguridad directamente a tu nervio Vago.

Repite este ciclo de tres a cuatro veces.

No te sobrecargues cuando empieces.

Es posible que te sientas un poco mareado, lo cual es normal.

Detente y descansa si lo haces.

El efecto físico inmediato es innegable.

Acabas de decirle a tu cuerpo que tienes tiempo para una respiración larga y lenta.

Las criaturas en peligro no toman respiraciones largas y lentas.

Por lo tanto, debes estar a salvo.

Este es el lenguaje que entiende tu sistema nervioso.

Es un veto inmediato a la alarma de Lucha/Huida.

Truco 2: Anclaje Sensorial: La Interrupción 5-4-3-2-1

Cuando la ansiedad aumenta, tu conciencia queda atrapada.

Se espiraliza dentro de tu cabeza.

Se enfoca en los peores escenarios y traumas pasados.

Lo llamamos rumiación.

El paisaje interno se vuelve aterrador.

Para romper este bucle de retroalimentación interna, debemos forzar la atención hacia afuera.

Debemos conectarnos con el aquí y el ahora.

Debemos anclarnos a la realidad.

La técnica 5-4-3-2-1 es el equivalente sensorial de accionar el freno de emergencia.

Te saca de tu mente en el pasado y del futuro imaginario.

Te ancla firmemente en el momento presente.

Aquí te explico cómo ejecutar este truco cuando sientes que el pánico se eleva.

Comienza mirando alrededor de la habitación en la que te encuentras.

Cinco: Nombra cinco cosas que puedes ver.

No solo las mires.

Reconócelas de manera específica.

La taza azul sobre la mesa.

Los motas de polvo flotando en la luz.

La grieta en la pared.

Sé específico y detallado.

Cuatro: Nombra cuatro cosas que puedes sentir.

Enfócate en sensaciones físicas reales.

El peso de tus pies en el suelo.

La textura de la tela en tu silla.

La frescura del aire en tu piel.

Nota la simple realidad del tacto.

Tres: Nombra tres cosas que puedes oír.

Escucha más allá del ruido en tu cabeza.

El zumbido del ventilador de la computadora.

El ruido del tráfico a lo lejos.

El sonido de tu propia respiración.

Forza tu atención hacia afuera.

Dos: Nombra dos cosas que puedes oler.

Toma un sorbo lento, profundo.

Quizás sea el aroma del café.

Quizás sea el detergente de tu camisa.

El sentido del olfato está poderosamente conectado a la memoria.

Usarlo conscientemente ayuda a estabilizar el momento.

Uno: Nombra una cosa que puedes saborear.

Esto es a menudo lo más difícil.

¿Hay residuo de pasta de dientes?

¿Sientes sequedad en la boca?

Enfócate en esa única sensación específica.

Cuando termines esta secuencia, habrás hecho algo poderoso.

Has forzado a tu mente a procesar la realidad externa.

Has probado, mediante evidencia, que estás presente.

No estás de vuelta en el recuerdo traumático.

Estás aquí.

Estás observando.

La observación es una actividad poderosa, adulta y segura.

No puedes observar y entrar en pánico con la misma intensidad simultáneamente.

Este truco crea el espacio necesario para la calma.

Truco 3: Tono Vagal: Intervenciones físicas instantáneas

Algunos de los trucos más pasados por alto involucran activar reflejos físicos específicos.

Estas acciones estimulan directamente el nervio vago y desencadenan la respuesta de relajación.

Son rápidas.

Son efectivas.

Puedes hacerlas en cualquier lugar.

La primera técnica es el Reflejo de Buceo.

Suena intenso, pero es simple.

Cuando sumerges tu cara en agua fría, se activa tu reflejo de buceo mamífero.

Este reflejo le dice instantáneamente a tu cuerpo que ralentice el ritmo cardíaco y conserve oxígeno.

Es un tónico vagal profundo y rápido.

Si estás en casa o cerca de un baño, salpica agua extremadamente fría en tu cara.

Mantén el agua en tu piel durante diez a quince segundos.

Enfócate especialmente en el área bajo tus ojos y en tus sienes.

Si no puedes salpicar agua, el Interrupción de Cubito de Hielo, que exploraremos más adelante, funciona igual de bien.

Sujeta un cubito de hielo fuertemente en tu mano.

El frío intenso se registra como un choque sensorial momentáneo.

Este choque interrumpe la señal de dolor de la ansiedad.

Te saca del bucle y lo ancla a la sensación física.

Le dice al sistema nervioso: "Tengo una prioridad diferente y más urgente en este momento."

Es un botón de reinicio.

La segunda técnica clave es el Tono Vocal y el Murmullo.

El nervio vago pasa por tus cuerdas vocales y oído interno.

Usar las cuerdas vocales en un tono sostenido y de baja frecuencia es una forma comprobada de aumentar la actividad vagal.

No necesitas cantar.

Solo necesitas murmurar.

Comienza con una respiración profunda.

A medida que exhalas, emite un murmullo sostenido y de tono bajo.

Mmmmmm.

Siente la vibración en tu pecho y garganta.

Intenta que el murmullo dure toda la duración de tu respiración.

Repite esto de cinco a diez veces.

La vibración se auto-calma.

Envía señales suaves y rítmicas a lo largo de la vía vagal.

Es la forma más simple y portátil de tonificar tu sistema nervioso.

Puedes murmurar en la fila del supermercado.

Puedes murmurar mientras esperas un ascensor.

Nadie necesita saber que estás participando en una profunda terapia auto-calma.

¿Por qué nos estamos enfocando tanto en la respiración y el agua fría?

Porque el Niño Interno no puede oír tus aseguraciones si las ahoga la sirena de alarma.

El pequeño dentro de ti opera según la lógica de supervivencia.

Si tu corazón está acelerado, el pequeño cree que una amenaza es inminente.

Si tus músculos están temblando, el pequeño cree que estás a punto de correr.

El yo adulto, el padre sabio en el que te estás convirtiendo, debe primero tomar control del cuerpo físico.

El adulto dice: "Mira, estoy ralentizando la respiración."

El adulto dice: "Estoy tocando el suelo sólido."

El adulto dice: "Mi voz es baja y constante."

Esta evidencia física de seguridad es el primer acto de re-parentalización.

Estamos modelando la regulación.

Estamos demostrando consistencia.

Estamos construyendo un cuerpo que se siente como un hogar seguro, no como una trampa.

Solo una vez que el cuerpo esté en calma podemos avanzar al trabajo emocional y cognitivo.

No saltes este paso.

No intentes racionalizar tu ansiedad cuando tu corazón está palpitando.

Utiliza la técnica 4-7-8.

Utiliza la técnica 5-4-3-2-1.

Utiliza el zumbido.

Estas son tus herramientas fundamentales.

Son las claves inmediatas para activar tu Luz Piloto Interna.

Proporcionan pruebas de que tú, el adulto, estás a cargo de la seguridad.

Eres capaz.

Estás presente.

Estás a salvo.

Estas prácticas son innegociables.

Debes convertirlas en respuestas instintivas.

En el momento en que sientas los signos físicos de pánico—el apuro, el mareo, la presión en el pecho—ejecutas uno de estos protocolos.

Intervienes antes de que la historia del pánico tome control.

Le demuestras a tu cuerpo que el adulto está aquí ahora.

El adulto se está encargando de ello.

El adulto está estabilizando el barco.

Esta es la verdadera línea de partida para todo trabajo profundo con el Niño Interior.

Sin un adulto estabilizado, el Niño Interior queda a la deriva.

Con un adulto estabilizado, el pequeño finalmente puede descansar.

Finalmente puede sentir, quizás por primera vez, que alguien fuerte y calmado lo está cuidando de verdad.

Practica estos hacks diligentemente.

Son tu escudo.

Son tu fundamento.

POR QUÉ TU ESTÓMAGO SE CONTRAE ANTES DE QUE TU MENTE SEPA POR QUÉ - GUÍA SIN JERGA PARA DOMESTICAR EL DESENCADENANTE DE LUCHA/HUIDA

¿Has sentido ese repentino apretón en tu estómago?

Sucede al instante.

Es más rápido de lo que tu mente puede incluso etiquetar la sensación.

No es un fracaso personal.

Este es tu magnífico y antiguo sistema de supervivencia.

Está integrado en tu biología fundamental.

Piensa en ello como un detector de humo de hace 30,000 años.

Es extremadamente fuerte.

Es extremadamente rápido.

Y solo tiene un trabajo: mantenerte vivo.

Este sistema no distingue entre un tigre de dientes de sable y un correo electrónico crítico de tu jefe.

Una amenaza es una amenaza.

Cuando percibe un peligro, real o recordado, activa el botón de pánico.

Este es el momento en que tu cuerpo eclipsa tu lógica adulta.

La parte pensante de tu cerebro se ralentiza.

La parte de supervivencia de tu cerebro se acelera.

Este es el momento en que comienza la inundación de adrenalina.

Tu corazón late con fuerza para mover sangre hacia tus extremidades.

Tu digestión se detiene, causando esa familiar contracción estomacal.

¿Por qué gastar energía en la comida cuando necesitas correr?

Tu respiración se vuelve superficial y rápida.

Está recolectando oxígeno para la acción inmediata.

El sistema se prepara para tres acciones primarias.

Son las famosas tres F: Luchar, Huir y Congelarse.

Algunas personas sienten la necesidad de luchar.

Su energía se lanza hacia afuera.

Pueden sentirse calientes o enojadas.

Quieren contraatacar, discutir o defenderse ferozmente.

Esto es el cuerpo diciendo: "Soy lo suficientemente fuerte para derrotar esta amenaza."

Otras personas sienten la necesidad de huir.

Su energía corre hacia sus piernas y pecho.

Se sienten inquietos, ansiosos y atrapados.

Deben abandonar la situación de inmediato.

Esto es el cuerpo diciendo: "Escapa ahora. Aléjate."

Y luego está la respuesta de congelarse.

Esto a menudo se malinterpreta.

No es pereza ni apatía.

Es la estrategia defensiva definitiva.

El cuerpo se queda inmóvil y entumecido.

Tus pensamientos pueden sentirse confusos o lentos.

Puede que disocies, sintiéndote desconectado de tus manos o tu voz.

Esto es el cuerpo diciendo: "Haré como si no estuviera aquí. Tal vez la amenaza pase."

Estas respuestas son normales.

Son adaptativas.

Son la razón por la cual tus antepasados sobrevivieron lo suficiente para que tú estés aquí.

Fueron herramientas necesarias cuando eras un niño que no podía correr o luchar físicamente.

Tu estómago se contrae porque tu cuerpo está tratando de protegerte de algo no visto.

Es un motor en marcha para una emergencia que puede que nunca llegue.

No queremos avergonzar estas reacciones.

Queremos entenderlas.

Queremos normalizar la sensación de que tu cuerpo está teniendo un ataque de pánico antes de que tu mente se dé cuenta de que hay un problema.

La señal física es siempre el primer mensajero.

Significa que tu yo más joven se siente inseguro en este momento.

La buena noticia es que ahora somos el adulto.

Nosotros sostenemos las riendas.

Podemos enviar nuevos mensajes a ese antiguo sistema de alarma.

Podemos enseñar al cuerpo que el peligro ha pasado.

No tenemos que vivir en alta alerta más.

Comenzamos interrumpiendo la reacción física misma.

Comenzamos respirando.

Comenzamos con el cuerpo, porque ahí es donde comenzó toda la reacción.

LA "INTERRUPCIÓN DE CUBO DE HIELO": CÓMO SECUESTRAR LA SEÑAL DE ESTRÉS DE TU CEREBRO Y FORZAR UN MOMENTO DE CALMA, AHORA MISMO

Tu cuerpo está diseñado para espirales.

El sistema nervioso tiene un trabajo principal: supervivencia.

Si percibe una amenaza—real o percibida—se compromete completamente al ciclo de pánico.

Los viejos programas se activan de inmediato.

El pánico dirige el espectáculo antes de que tu mente consciente pueda siquiera formar un pensamiento lógico.

Necesitamos un botón de reinicio.

Necesitamos una forma de colapsar el sistema cuando la alarma está sonando.

El objetivo es forzar a tu cerebro a concentrarse en algo inmediato y concreto.

Esto se llama "interrupción sensorial".

Esto obliga a la antigua señal de miedo a pausar momentáneamente.

Esta breve pausa es todo lo que la parte adulta de ti necesita para recuperar el control.

La Interrupción del Cubo de Hielo es la forma más rápida de lograr esto.

Es radical e increíblemente efectiva.

Cuando sientas que la ansiedad comienza a apretar, ve a tu congelador.

Agarrar un cubo de hielo estándar.

Sostenlo con firmeza en una mano.

No estás tratando de estar cómodo.

Apriétalo.

Deja que el frío comience a penetrar en tu piel.

El frío se volverá intenso, quizás incluso un poco doloroso.

No lo sueltes.

La aguda sensación física demanda la atención de tu cerebro.

Es una entrada física abrumadora.

El bucle interno de ansiedad no puede competir con el choque sensorial externo.

Tu sistema debe priorizar la regulación del frío repentino.

El ruido del miedo se desvanece, reemplazado por la realidad del cubo de hielo.

Mantén el cubo hasta que la sensación de pánico cambie, incluso solo un pequeño grado.

Eso podría ser treinta segundos.

Podría ser un minuto completo.

Luego, suelta el cubo.

Toma una respiración profunda y lenta.

Acabas de secuestrar con éxito la señal de terror.

Has demostrado a tu cuerpo que aún tienes el control de tu experiencia inmediata.

Otro truco crucial es el Método de Enraizamiento 5-4-3-2-1.

Esta técnica es menos intensa, pero sistemáticamente efectiva.

Te saca de la mente acelerada del pasado o del futuro y te lleva firmemente al ahora.

El Ahora es donde vive la seguridad.

Debes usar tus sentidos de manera deliberada.

Di estas cosas en voz baja para ti mismo, o incluso en voz alta si puedes.

Cinco cosas que puedes ver ahora mismo.

No solo mires en general.

Mira de manera específica.

Nombra los pequeños detalles.

El patrón en la cortina.

El polvo en el alféizar de la ventana.

Cuatro cosas que puedes sentir ahora mismo.

Céntrate en las sensaciones táctiles.

El peso de tus pies en el suelo.

La textura áspera de tus jeans.

La suavidad de tu anillo de bodas.

Tres cosas que puedes oír ahora mismo.

Esfuérzate por encontrar sonidos suaves que normalmente filtras.

El zumbido del ventilador.

El ruido del tráfico muy lejos.

El sonido de tu propio latido del corazón.

Dos cosas que puedes oler ahora mismo.

Toma una inhalación lenta y profunda.

El leve aroma de la madera vieja.

El olor de tu detergente para la ropa.

Una cosa que puedes saborear ahora mismo.

El ligero sabor metálico en tu boca.

El sabor persistente de tu café de la mañana.

Cuando termines la cuenta regresiva 5-4-3-2-1, te sentirás diferente.

Has forzado toda tu atención a la realidad concreta e innegable.

Tu estado interno se calma instantáneamente por el hecho externo.

Estos trucos son protocolos de seguridad inmediatos.

No están destinados a resolver grandes problemas.

Están destinados a detener el tren descontrolado del pánico justo donde está.

Úsalos de inmediato.

No esperes a que los síntomas alcancen su punto máximo.

En el momento en que sientas que el antiguo miedo resurge, interrúmpelo.

Le estás mostrando a tu yo interior que tienes herramientas.

Le estás mostrando a tu cuerpo que el pánico es una elección, y eliges la seguridad en su lugar.

CAPÍTULO 3: LA SÉANCE SUAVE: UN PROTOCOLO DE VISUALIZACIÓN GUIADA PARA CONOCER DE MANERA SEGURA LA PARTE MÁS PEQUEÑA Y ASUSTADA DE TI MISMO (SIN PROVOCAR DOLOR ANTIGUO)

Hemos hecho el trabajo crucial de estabilizar tu cuerpo.

Nos hemos centrado en enraizar tu sistema nervioso en el momento presente.

Ahora eres capaz de ser un contenedor confiable.

Esta quieta estabilidad es la base del Capítulo 3.

Sin que el yo adulto se sienta seguro, el niño interior nunca emergirá.

Seguirán escondidos, esperando a que pase la tormenta.

Este capítulo trata sobre establecer contacto.

Lo llamamos la Séance Suave.

Una séance es simplemente una reunión, un encuentro respetuoso.

Estamos invitando a la parte esencial y vulnerable de ti a aparecer.

Esta parte ha estado esperando pacientemente durante décadas.

Te ha estado observando desde los rincones de tu propio corazón.

Desesperadamente quiere ser vista y conocida.

Pero también está profundamente aterrorizada.

Teme al rechazo.

Teme que le digan que es demasiado, o que no es suficiente.

Está preocupada de que juzgues sus sentimientos como equivocados o embarazosos.

Tu trabajo ahora es probar que eres diferente.

Eres el anfitrión gentil de esta reunión.

Eres el testigo silencioso.

Estás asumiendo el papel del padre que siempre necesitaste, en este momento.

El adulto debe estar presente para que esto funcione.

Si te sientes presionado, deja de leer y pon el libro a un lado.

Si te sientes ansioso, repasa los trucos de enraizamiento del Capítulo 2.

Si te sientes impaciente o crítico, retrasa la reunión hasta que regrese la calma.

El pequeño puede sentir tu clima interior de inmediato.

Se esconderá si detecta expectativa o prisa.

No estamos aquí para arreglarlos o forzarlos a crecer.

Estamos aquí para conectarnos con ellos tal como son.

La sanación ocurre a través de una atención sostenida y sin juicio.

La seguridad es la condición previa para esta conexión.

La seguridad es el agente de sanación en sí mismo.

Encuentra un lugar cómodo donde puedas estar sin ser interrumpido durante diez minutos.

Esta reunión requiere quietud.

Apaga tu teléfono y cualquier notificación.

Siéntate con los pies planos en el suelo, sintiendo la conexión con la tierra.

Cierra suavemente tus ojos.

Toma tres respiraciones profundas, lentas y tranquilizadoras, exhalando completamente cada vez.

Inhala calma.

Exhala prisa.

Ahora, visualiza un lugar dentro de ti.

Este será tu Santuario Interno.

Es un lugar de seguridad absoluta y perfecta.

Este espacio es creado completamente por tu yo adulto.

Podría ser un jardín tranquilo donde el sol siempre brilla suavemente.

Podría ser una cálida y acogedora biblioteca llena de mantas.

Podría ser una hermosa y robusta casa en un árbol en un bosque pacífico.

Debe ser un lugar donde nada aterrador pueda entrar jamás.

Pasa un momento construyendo este espacio en detalle.

Nota los colores que elegiste.

Siente la textura del suelo o del asiento.

Percibe la temperatura exacta.

Este Santuario es permanente e irrompible.

Está construido a partir de la estabilidad que estableciste en el Capítulo 2.

Eres el guardián soberano de este espacio.

Una vez que te sientas perfectamente arraigado y en paz en tu Santuario, invita a tu niño interior a aparecer.

No exijas que se acerque.

Simplemente abre una puerta o una ventana en tu Santuario y espera en silencio.

Déjalos elegir si quieren entrar.

Podrían aparecer como se veían cuando tenían cinco años.

Podrían aparecer como una edad más joven que experimentó un miedo específico.

Puede que no se vean de una edad específica en absoluto.

Podrían ser representados solo por una sombra, una sensación de tristeza o una luz muy pequeña.

Cualquiera sea la forma que tomen, acéptala instantáneamente.

No analices ni juzgues.

No extiendas la mano inmediatamente.

No hables primero.

Simplemente déjalos ser.

Observa su estado con curiosidad abierta.

¿Cómo están de pie?

¿Están encorvados?

¿Están ocultando su rostro?

¿Te están mirando con desconfianza?

¿Están jugando en silencio?

El primer acto de amor es la observación pura y no reactiva.

Estás comunicando en silencio: Te veo exactamente como eres.

Y estás seguro aquí conmigo.

Espera hasta que el silencio entre ustedes sea perfectamente cómodo.

Ahora, puedes ofrecer un mensaje interno y suave.

Esto debe ser simple y absolutamente verdadero.

Estoy aquí ahora.

Soy el adulto.

No tienes que tener miedo más.

Estás completamente a salvo conmigo.

Si se acercan a ti, prepárate para ofrecer consuelo.

Esto puede ser un abrazo silencioso, una palmada suave en la cabeza o simplemente acercarte para que sepan que estás cerca.

Si se retiran o se esconden, respeta esa distancia completamente.

La distancia significa que aún necesitan más pruebas de tu confiabilidad.

Esto no es un rechazo hacia ti como adulto.

Es un recuerdo de épocas pasadas cuando los adultos eran poco confiables.

Simplemente permanece enraizado en tu Santuario.

Tu presencia calma y no demandante es el mensaje que eventualmente prevalecerá.

Debemos hacer cumplir la sagrada Regla de No Trauma durante este encuentro.

El propósito de la Sesión Suave es la conexión, no revivir.

Si, durante su tiempo juntos, el niño intenta mostrarte un recuerdo doloroso o una escena triste, el adulto debe intervenir suavemente, pero con firmeza.

El yo adulto avanza y dice: No necesitamos mirar eso en este momento.

Ya sé que fue difícil.

Sé que pasaste por algo complicado.

Pero este tiempo es para la seguridad y la conexión en el presente.

Prometo que te protegeré del pasado.

Guiándoles suavemente de regreso a la parte más brillante y suave de tu Santuario.

Si persisten, termina la visualización y vuelve a enraizarte.

No eres un historiador de tu dolor.

Eres un arquitecto de la seguridad presente.

Concéntrate solo en la interacción actual.

¿Cómo cambia tu confiabilidad su estado de ánimo en este momento específico?

El niño se comunica a través de un código secreto.

Se comunican completamente a través de sentimientos, estados de ánimo y sensaciones físicas.

No usarán palabras de adultos como validación o límite.

Debes aprender a descifrar el lenguaje emocional que ofrecen.

Cuando te muestran sentimientos de ansiedad intensa, esto generalmente se traduce en una necesidad fundamental: Necesito certeza.

La respuesta del adulto debe ser inmediata y estructurada: Tengo un plan. Te diré los próximos dos pasos. No estamos apresurándonos hacia lo desconocido.

Cuando se sienten intensamente inquietos, esto a menudo significa: Necesito movimiento.

La respuesta del adulto es: Vamos a poner música y a bailar. Cambiemos de lugar. Honraremos la necesidad de liberar energía.

Cuando parecen pequeños, avergonzados u ocultos, su solicitud es: Necesito ser visto sin juicio.

La respuesta del adulto es: Te estoy mirando directamente. No miraré hacia otro lado. Eres fundamentalmente importante y valioso.

Cuando se sienten solos, la solicitud es la más simple: Necesito conexión sostenida.

La respuesta del adulto es: Me quedaré justo aquí. Estoy sentado a tu lado hasta que te sientas menos solo.

Estás interpretando la emoción no como un defecto de carácter, sino como una solicitud legítima de una necesidad fundamental no satisfecha.

Este es el cambio radical.

Estás dando lenguaje a su silencio.

Estás dando estructura a su caos.

No juzgues la solicitud como infantil o inconveniente.

Es la verdad de su pequeño corazón asustado.

Tu trabajo es simplemente satisfacer la necesidad con consistencia y amor.

Pregunta a tu pequeño ahora: ¿Cuál es la cosa más urgente que necesitas de mí hoy?

Espera la respuesta interna.

Podría ser un sentido de ser escuchado.

Podría ser una necesidad de silencio.

Podría ser simplemente una solicitud de una manta cálida.

Reconoce la solicitud, incluso si no puedes cumplirla de inmediato.

Diles, te escucho.

Recordaré esto.

Intentaré darte esto más tarde hoy.

Cuando tus diez minutos se completen, prepárate suavemente para concluir la sesión.

Dile al pequeño que debes regresar al mundo exterior, pero prometes volver a entrar en contacto pronto.

La consistencia construye una profunda confianza más rápido que cualquier experiencia intensa única.

Promete mantener la imagen de tu Santuario y su seguridad en tu mente durante todo el día.

A medida que te prepares para abrir los ojos, agradece al pequeño por su valentía.

Agradece por mostrarse a ti.

Diles que llevas su seguridad contigo a tu capaz vida adulta.

Mueve tus dedos y dedos de los pies.

Siente la silla debajo de ti.

Regresa completamente a la habitación, trayendo contigo la sensación de seguridad.

El propósito de esta reunión suave no es la transformación instantánea.

Es establecer un diálogo permanente y amoroso.

Has dado el primer y más difícil paso para demostrarte a ti mismo tu fiabilidad.

Miras directamente a la parte más pequeña y vulnerable de ti.

Y no te alejaste.

Te quedaste y ofreciste calma.

Ese simple acto es un cambio monumental hacia la plenitud interior.

Lleva esa sensación de victoria tranquila contigo.

Te estás convirtiendo en el hogar que siempre buscaste.

PASO A PASO: LA CONFIGURACIÓN DE LA "REGLA DE NO TRAUMA" QUE GARANTIZA SEGURIDAD CUANDO MIRAMOS DENTRO

Este proceso es suave.

Estamos creando un límite sagrado alrededor de esta interacción.

El primer paso siempre es la Regla de No Trauma.

Eres el director y el protector de esta experiencia.

Si un recuerdo doloroso intenta entrar, detente.

Solo estamos aquí para observar necesidades, no para revivir heridas.

Tu trabajo es proporcionar seguridad, no terapia.

Paso 1: Estableciendo el Centro de Comando.

Encuentra un lugar donde no serás interrumpido.

Siéntate y coloca ambos pies en el suelo.

Siente la estabilidad del suelo debajo de ti.

Cierra los ojos suavemente.

Toma tres respiraciones largas y lentas.

Inhala seguridad.

Exhala tensión.

Sabes que estás completamente presente.

Eres el adulto enraizado.

Paso 2: Construyendo el Santuario.

Necesitamos un lugar de encuentro que esté absolutamente protegido.

Visualiza una sala, un claro o un lugar tranquilo junto al agua.

Haz de este espacio algo perfectamente seguro y calmado.

Elige la iluminación.

Elige la temperatura.

Este lugar es solo tuyo.

Coloca mentalmente una barrera invisible alrededor de él.

Nada negativo o aterrador puede pasar a través de esta barrera.

Paso 3: Estableciendo la Intención de Protección.

Declara claramente este límite, ya sea en voz alta o en tu mente.

Miraré hacia adentro solo con amor y curiosidad.

No pediré ni permitiré que mi yo más joven reviva el dolor.

Si parecen angustiados, me retiraré de inmediato.

Mi propósito es ofrecer compañía silenciosa y estable.

Esta es la Regla de No Trauma en acción.

Eres el guardián vigilante.

Paso 4: Extendiendo la Suave Invitación.

En tu santuario, gira tu atención hacia adentro.

Extiende un sentimiento de luz suave y acogedora.

Invita suavemente a tu niño interior a entrar en el espacio.

No exijas que aparezcan.

Solo espera.

Pueden aparecer como un tímido niño de cinco años.

Pueden aparecer como un adolescente gruñón.

Acepta a quien llegue, sin juicio.

Paso 5: La Observación Silenciosa.

No te apresures hacia adelante.

Stay where you are.

Obsérvalos desde una distancia cómoda.

¿Qué te dice su lenguaje corporal?

¿Están los hombros caídos?

¿Tienen las manos cerradas?

¿Están mirando hacia otro lado?

Concéntrate solo en la sensación presente.

¿Se ven solitarios? ¿Se ven nerviosos?

Paso 6: Ofreciendo una Presencia Desinteresada.

Este es el paso más poderoso.

No hables en preguntas.

Habla en hechos de reafirmación.

Diga en silencio: Te veo.

Diga: Estoy aquí ahora.

Diga: No tienes que ser valiente en este momento.

Diga: Estamos a salvo en esta habitación.

Ofrece una manta cálida o una suave ola.

Simplemente existe al lado de ellos como el adulto protector.

Les estás mostrando consistencia.

Les estás mostrando apoyo incondicional.

Paso 7: Sellando el Santuario.

Haz este ejercicio solo unos minutos inicialmente.

Cuando te sientas listo para terminar la sesión, tranquilízalos una vez más.

Dile a tu yo más joven: Me voy ahora, pero volveré.

Diles: Este santuario es permanente.

Pueden descansar aquí a salvo hasta que regreses.

Míralos acomodarse.

Has establecido un refugio seguro.

Trae lentamente tu conciencia de vuelta a la habitación.

Siente tu cuerpo enraizado en la silla.

Toma una última y profunda respiración.

Has honrado exitosamente la Regla de No Trauma.

Estuviste presente.

Estuviste seguro.

DESCIFRANDO EL CÓDIGO SECRETO DE TU ANSIEDAD: LO QUE LA INQUIETUD Y EL PÁNICO REALMENTE SIGNIFICAN (CONSEJO: NO ES LO QUE PENSASTE)

Tus sentimientos nunca son aleatorios.

Están comunicando.

Son un código secreto que olvidaste cómo leer.

El pequeño dentro de ti habla en emociones.

No en lógica ni en solicitudes bien razonadas.

Tu trabajo como adulto ahora es traducir estas señales.

Debes dejar de juzgar el sentimiento.

Debes empezar a ver la necesidad subyacente.

Así es como encontramos sanación sin revivir el dolor.

¿Cómo se ve la inquietud en tu vida?

Es ese impulso de caminar por tu apartamento.

Es el chequeo incesante de tu teléfono.

Son los dedos que laten cuando intentas concentrarte.

A menudo juzgas esto como impaciencia.

Pensas que significa que eres indisciplinado o perezoso.

Este juicio es duro y falso.

La inquietud es el código para "necesito contención."

Significa que la parte más joven de ti tiene demasiada energía no resuelta.

Está pidiendo una forma segura y estructurada de descargarla.

No necesitas luchar contra el impulso de moverte.

Necesitas honrar el movimiento con suavidad.

Levántate de tu escritorio.

Haz diez estiramientos lentos.

Camina hacia la cocina por un vaso de agua, enfocándote solo en tus pasos.

Ya no estás inquietándote sin rumbo.

Estás regulando activamente tu sistema nervioso.

Ahora considera la ansiedad y la preocupación crónica.

La ansiedad se siente como una jaula girando en tu pecho.

Es el futuro apresurándose hacia ti demasiado rápido para manejarlo.

Cuando rumias, crees que estás siendo responsable.

Pensas que preocuparte es equivalente a prepararte.

Pero la preocupación es altamente improductiva.

La ansiedad es el código para "necesito certeza."

Significa que el Niño Interior está en pánico por la ambigüedad de la vida.

Necesita predicción y estructura para sentirse seguro.

Necesita al adulto confiable que tome la delantera.

No puedes controlar eventos globales ni el programa de mañana.

Pero puedes proporcionar certeza en la próxima hora.

Abre tu cuaderno.

Anota tres cosas que sabes con certeza en este momento.

Estoy sentado en una silla cálida.

Tengo agua cerca.

Estoy respirando.

Luego haz un pequeño plan para los próximos quince minutos.

Terminaré este capítulo.

Luego haré té.

Este pequeño acto de planificar entrega la certeza que el yo más joven anhela.

Les dice: "Estoy a cargo, y tengo un camino claro."

¿Qué hay de esa constante sensación de necesitar o aferrarse en las relaciones?

Esto puede llevar a la autocrítica.

Te llamas de alto mantenimiento o desesperado.

Intentas suprimir esta parte de ti mismo.

Este sentimiento es el código para "necesito presencia constante."

El Niño Interior está probando la seguridad de la conexión.

Quieren saber si tú, el Adulto, estarás presente.

Tienen miedo al abandono, un recuerdo del pasado.

No necesitas arreglar la relación externamente.

Necesitas proporcionar esa presencia internamente.

Detén lo que estás haciendo cuando la necesidad surja.

Pon tu mano en tu corazón.

Solo siéntate contigo mismo durante sesenta segundos.

Dile al pequeño: "Estoy aquí.

Siempre estoy aquí para ti."

La consistencia de la auto-presencia sana el miedo al abandono más rápido que cualquier validación externa podría hacerlo jamás.

La irritabilidad es otra señal crucial.

¿Te enojas rápidamente ante solicitudes simples?

¿El nivel de ruido de repente se siente abrumador?

Puedes llamarte de temperamento corto.

El mundo te llama difícil.

La irritabilidad es el código para "necesito descanso y límites."

Significa que tus recursos están completamente agotados.

El Niño Interior está desahogándose porque se siente desprotegido y exhausto.

Necesita espacio, no otra demanda.

No necesitas disculparte por sentirte irritable.

Necesitas honrar la necesidad debajo de eso.

Aléjate de inmediato.

Di: "Necesito un descanso de diez minutos."

Ve y siéntate en silencio.

Dale al pequeño el espacio obligatorio y protector que está suplicando.

Deja de castigar al mensajero.

El mensajero está tratando de salvarte.

Cada emoción difícil es una solicitud codificada.

Una súplica por seguridad.

Una oportunidad para convertirte en el adulto confiable que siempre mereciste.

Aprende el código.

Traduce la señal.

Atiende la necesidad.

Mira como el pánico abrumador se suaviza en una incomodidad manejable.

Esta traducción es el lenguaje de la seguridad interior.

CAPÍTULO 4

EXPLORADO: CÓMO SILENCIAR LA VOZ DURA QUE SABOTEA TU VIDA Y REEMPLAZARLA CON AMOR INCONDICIONAL EN 4 PASOS SENCILLOS

Hemos explorado la necesidad de seguridad del cuerpo. Aprendimos cómo atender a nuestro pequeño interior. Ahora debemos abordar la mayor amenaza a esa seguridad.

Vive justo dentro de tu cabeza. Es la dura y implacable voz del Crítico Interno.

Conoces bien esta voz. Te despierta a las 3 AM para enumerar tus fracasos. Te recuerda lo estúpido que sonaste en esa reunión hace cinco años. Te llama perezoso cuando necesitas descansar. Te llama egoísta cuando pides espacio.

Esta voz se siente como la verdad. Se siente pesada y vinculante. Se siente como una parte fundamental de ti.

No lo es.

¿Esa dura voz que oyes? No es tuya. Pertenece al pasado.

Es un eco. Es la grabación de cada mirada crítica, cada comentario despectivo, cada expectativa poco realista impuesta sobre ti cuando eras demasiado pequeño para defenderte.

Cuando hablamos de reparentar, este es el frente. Debemos enseñarnos un nuevo idioma de amor. Debemos silenciar las viejas grabaciones tóxicas. Vamos a hacerlo más suave. Vamos a enseñarle una nueva forma de hablar.

El trabajo del Crítico Interno era simple, aunque mal dirigido. Intentó mantenerte a salvo haciéndote perfecto. Aprendió que si eras impecable, no serías rechazado. Aprendió que si te atacabas primero, el mundo exterior no podría lastimarte tanto.

Este es un profundo mecanismo de supervivencia. Se basa en una mentira fundamental: que la crítica conduce a la competencia.

Nunca lo hace. La crítica solo conduce a la vergüenza. La vergüenza aísla al Niño Interior. El aislamiento significa peligro.

Rompamos este ciclo ahora.

El primer paso para silenciar al Crítico es darse cuenta de que es una entidad separada. No eres tú. Es un programa que se ejecuta en segundo plano. Piénsalo como un software viejo y corrupto. Necesitamos instalar un firewall y actualizar el sistema.

¿Cómo reconoces al Crítico? Usa un lenguaje específico.

Utiliza términos globales y permanentes. Eres estúpido. Eres un fracaso. Siempre arruinas esto.

Se centra en la muerte del carácter, no en la corrección del comportamiento.

Si derramas café, el Crítico dice: "Eres tan descuidado e irresponsable."

El Sabio Adulto dice: "Derramé café. Necesito una toalla."

La diferencia es enorme. Uno condena todo el ser. El otro aborda la acción inmediata con neutralidad. Nuestro objetivo es cambiar cada pensamiento crítico de la evaluación del carácter a la simple observación.

Este es el poder del re-parenting lingüístico. Le estamos dando al pequeño dentro los comentarios estables y objetivos que necesitaba. Sustituimos el juicio por la observación. Sustituimos la condena por la curiosidad.

El mayor acto de amor es interrumpir al Crítico cuando habla. Podemos hacer esto en cuatro pasos simples. Estos pasos enseñan a tu sistema nervioso que el amor incondicional es la nueva configuración predeterminada.

Paso Uno: Captura la Vibra y Nombra la Mentira.

Esto requiere conciencia inmediata. Cuando sientas ese familiar aumento de vergüenza o inadecuación, detente. Pregúntate: "¿Qué acabo de decirme a mí mismo?" O, "¿Qué pensamiento acaba de pasar?"

El Crítico a menudo habla rápido, por debajo de la superficie del lenguaje consciente. Se siente como un sentimiento, no como un pensamiento. Se siente como un nudo frío en tu pecho.

Cuando sientas el nudo, saca a la superficie el pensamiento. Escríbelo si es necesario.

Ejemplo: "Nunca voy a terminar este proyecto. Soy incapaz."

Ahora, nombra la mentira. La mentira es la condena global. La mentira es 'incapaz.'

No eres incapaz. Estás abrumado. Estás cansado. Estás ejecutando un software viejo. Esto no es una verdad sobre tu carácter. Es un sentimiento basado en la fatiga.

Capturarlo requiere práctica. Es como atrapar un pez resbaladizo. Requiere alerta. Pero en el momento en que lo capturas, reduces su poder inmediatamente.

Paso Dos: Rastrear la Fuente.

Aquí es donde ocurre la externalización. El Crítico pierde toda su autoridad cuando te das cuenta de que no es tu voz original. Es prestada.

Cuando escuchas esa frase familiar—Nunca serás lo suficientemente bueno—pregunta, "¿A quién le suena eso?"

¿Tu padre decía eso cuando llegaste a casa con un B? ¿Un maestro te dijo que no eras artístico? ¿Un compañero anterior usó esa frase para disminuir tus esfuerzos?

No necesitas profundizar en el trauma aquí. Solo rastrea el patrón.

Si el Crítico dice: "¿Por qué estás tomando un descanso? Necesitas trabajar más duro."

Lo rastreas: "Eso suena exactamente como Mamá cuando me senté a ver televisión."

Al rastrear la fuente, quitas la propiedad del pensamiento. Te das cuenta de que es una grabación antigua reproducida por la memoria. Es un dato histórico, no una realidad presente.

Este paso es increíblemente liberador. Puedes señalar mentalmente el pensamiento y decir: "Eso les pertenece a ellos. No a mí." Es un acto vital de auto-separación.

Paso Tres: La Interrupción Inmediata (El Botón de Silencio).

Una vez que has capturado el pensamiento y rastreado su fuente, debes interrumpir el patrón. El patrón suele ser: el pensamiento conduce a la vergüenza, la vergüenza conduce a la retirada o al auto-sabotaje.

Usamos una interrupción física, algo simple y visceral, para romper el circuito.

Puedes intentar el método del "Señal de Pare". Cuando el pensamiento golpea, levanta físicamente tu mano y di, en voz alta o susurrada, "ALTO."

Puedes usar un truco sensorial físico del Capítulo 2. Golpea tus pies rápidamente en el suelo. Toma una gran exhalación audible. Pon un cubito de hielo en tu mano y concéntrate intensamente en el frío.

La interrupción no resuelve el sentimiento. Solo crea una pausa necesaria. Le da al Yo Adulto suficiente espacio para intervenir y manejar la situación. Fuerza un silencio momentáneo en el caos interno.

El momento de la interrupción es clave. Es el momento en que eliges no dejar que la antigua narrativa siga su curso. Es el límite que estableces contra el abuso internalizado.

Paso Cuatro: La Reescritura Amorosa (La Promesa Incondicional).

Este es el paso de re-parenting. Una vez que el Crítico ha sido silenciado, incluso momentáneamente, el Yo Adulto interviene para proporcionar el amor incondicional y la estabilidad que el Niño Interior merecía.

Debes hablarte a ti mismo como lo haría el padre perfecto e ideal a un niño de seis años que acaba de raspárselas rodillas, o fallar en un examen, o derramar café.

El lenguaje debe ser simple, directo y compasivo.

Si el Crítico dijo: "Eres perezoso por necesitar un descanso."

La Reescritura es: "Es seguro descansar ahora. Estás haciendo suficiente. Tu valor no está ligado a tu productividad."

Si el Crítico dijo: "Siempre arruinas las relaciones."

La Reescritura es: "Cometer errores es cómo aprendemos. Vamos a intentarlo de nuevo. Estoy aquí para ti sin importar lo que pase."

Nota el uso constante de "nosotros" y "yo." El "yo" es el Yo Adulto capaz. El "nosotros" es el Yo Adulto y el Niño Interior, de pie juntos. Esto crea una sensación de unidad y seguridad.

Esta reescritura debe hacerse de manera consistente. Es una promesa. Es la base verbal del amor incondicional. El pequeño dentro necesita escuchar este guion de seguridad una y otra vez hasta que reemplace completamente la antigua banda sonora crítica.

Piense en la calidad del amor. No es condicional. No requiere éxito. Requiere presencia.

La verdadera definición de amor incondicional es esta: Tu valor inherente no es negociable, independientemente de tu desempeño, producción o errores.

Cuando internalizas esta promesa, el Crítico no tiene nada más que atacar.

Pongamos los cuatro pasos en acción con un escenario común.

Escenario: Perdiste un plazo importante en el trabajo.

El Crítico habla: "¿Ves? Eres incompetente. Te van a despedir y lo mereces." (Pico de vergüenza en el estómago.)

Paso 1: Captura la Vibra y Nombra la Mentira.

Sientes el pico. Nombras el pensamiento: Creo que soy incompetente. La mentira es 'incompetente' y 'merecer ser despedido.'

Paso 2: Rastrear la Fuente.

Ese sentimiento de desastre inminente y el salto inmediato a un fracaso catastrófico. Eso suena como la respuesta del Tío John a cualquier error menor. Suena como el miedo al abandono que llevé de niño.

Paso 3: La Interrupción Inmediata.

Pones tu lengua fuertemente contra el paladar. Dices en voz baja: "ALTO. Eso no es útil."

Paso 4: La Reescritura Amorosa.

Tomas una respiración. Miras hacia adentro. "Perdimos un plazo. Esto es difícil. Se siente abrumador ahora, pero somos capaces de resolverlo. Haremos un plan. Estamos a salvo. No dejaré que fracasemos."

Todo este proceso toma segundos una vez que estás practicado. Te mueve de un estado de vergüenza paralizante (dirigido por el miedo del Niño Interior) a un estado de calma y resolución de problemas (guiado por la sabiduría del Yo Adulto).

Este re-parenting lingüístico realiza un trabajo poderoso en tu cerebro. Literalmente construye nuevas vías neuronales. Cada vez que interceptas la crítica y la reemplazas con compasión, estás fortaleciendo el puente entre tu yo adulto y tu núcleo emocional.

El objetivo no es eliminar los pensamientos críticos por completo. Eso es imposible. El cerebro humano tiende hacia la negatividad como un mecanismo protector.

El objetivo es cambiar tu respuesta a esos pensamientos. Estamos entrenando al Yo Adulto para que intervenga de inmediato. Estamos enseñando al pequeño que ya no tiene que escuchar ese ruido. El Adulto está a cargo de la entrada de audio ahora.

Tu entorno interno debe ser un santuario. El Crítico lo convierte en una zona de guerra hostil. Tu trabajo es la expulsión inmediata y amorosa de esa hostilidad.

Practica usar un lenguaje neutral al describir el fracaso. El fracaso es simplemente retroalimentación. Los errores son puntos de datos. Nunca son evaluaciones del carácter.

Si tienes dificultades para comenzar con compasión, comienza con la neutralidad. La neutralidad a menudo es más fácil que la amabilidad forzada.

En lugar de decir: "Está bien, eres maravilloso," lo cual podría sentirse falso.

En su lugar, di: "Eso sucedió. Observamos el resultado. Ahora ajustamos el enfoque." Esta objetividad es inherentemente segura para el Niño Interior. Proporciona un suelo estable.

El cambio es de juicio a curiosidad.

Cuando te sientas atascado, pregunta: ¿Por qué el Crítico está hablando tan alto ahora? ¿Qué le teme el niño interior?

El Crítico a menudo es más ruidoso cuando el Niño Interior se siente más vulnerable. Si estás comenzando un nuevo trabajo, el Crítico podría gritar: "¡Eres un impostor!" El Niño Interior realmente está gritando: "¡Tengo miedo de ser visto como incompetente!"

La respuesta del Adulto aborda el miedo fundamental, no el ataque del Crítico.

Respuesta: "Escucho ese miedo a la incompetencia. Tiene sentido. Empezar cosas nuevas es aterrador. Pero estamos preparados. Estamos aprendiendo. Estamos seguros, incluso si nos sentimos torpes."

Esta es la presencia activa requerida para una profunda re-crianza. Es amable, firme y constante. Estás enseñando a tu sistema interior que la crítica es irrelevante porque la aceptación está garantizada.

Imagina la sensación de ser verdaderamente aceptado, incondicionalmente. Imagina tener seis años y derramar todo un vaso de leche, y en lugar de que un padre grite, simplemente te entrega una toalla y dice: "Ups. Sucede. Limpiémoslo juntos."

Ese es el paisaje emocional que estamos creando dentro de ti. Es un espacio donde los errores son solo eventos, no pruebas de inutilidad.

Este constante y suave auto-abogamiento cambiará fundamentalmente tu vida. Cuando el Crítico está silenciado, el Niño Interior se siente protegido. Cuando el Niño Interior se siente protegido, puede relajarse. Cuando se relaja, te sientes completo.

Te vuelves menos reactivo. Dejas de derraparte en la vergüenza después de pequeños reveses. Enfrentas nuevos desafíos con una confianza tranquila que antes no existía.

Esto se debe a que la relación más vital—la que existe entre tu adulto capaz y tu joven vulnerable—se basa finalmente en la confianza y un amor radical, inquebrantable.

Continúa atrapando esa voz. Sigue rastreando la fuente. Sigue interrumpiendo el patrón. Y sigue inundando tu mundo interior con la amabilidad que siempre mereciste.

Estás escribiendo un guion completamente nuevo y amoroso para tu vida. Y tú eres el único que sostiene el bolígrafo. Sé el padre amoroso que habla suavemente, pero sostiene la promesa inquebrantable de seguridad.

LA FUENTE IMPACTANTE DE TU AUTO-ODIO - RASTREANDO TU CRÍTICO INTERNO DE REGRESO A SU PROPIETARIO ORIGINAL, NO DESEADO

A veces escuchas esa voz cruel.

Dice que eres perezoso.

Dice que eres demasiado.

Dice que nunca tendrás éxito.

Se siente como una verdad profunda y central sobre quién eres.

Esta es la mentira más peligrosa que llevamos.

El Crítico Interior no es tu verdadera voz.

No es una evaluación objetiva de la realidad.

Es un eco.

Es una grabación que se reproduce en bucle desde la infancia.

Debemos tratarlo como una mala canción atrapada en tu cabeza.

Necesita ser identificado, rastreado y apagado.

Piense en las frases que tu Crítico usa más a menudo.

Escríbelas.

¿Son abstractas o específicas?

Para muchas personas, las frases son sorprendentemente específicas.

Son citas.

Son transcripciones directas del pasado.

¿De quién es la voz que dice: "¿Por qué nunca puedes hacer nada bien"?

¿Era un padre estresado tratando de manejar demasiado?

¿Era un entrenador exigente que valoraba el logro sobre el esfuerzo?

¿De quién es la voz que susurra: "Eres demasiado sensible para este mundo"?

Quizás ese fue el mensaje que recibiste cuando lloraste y te avergonzaron por ello.

Quizás era un maestro que exigía una adherencia rígida a las reglas.

Estamos realizando una auditoría emocional forense.

Estamos buscando al propietario original no deseado de esa declaración.

En el momento en que puedes ponerle un rostro a la frase, la frase pierde su agarre.

Deja de ser una verdad universal.

Empieza a ser la opinión de una persona defectuosa hace mucho tiempo.

El cerebro adulto registra la crítica de manera diferente al cerebro infantil.

Cuando eras pequeño, esa crítica era información esencial.

Era un mecanismo de supervivencia.

Si un padre decía que eras egoísta, lo internalizabas para permanecer seguro y amado.

No tenías el poder de decir: "Esa es tu proyección, no mi realidad".

Solo podías tragarlo entero.

Se convirtió en parte de tu sistema de creencias fundamentales.

Pero ahora has crecido.

Eres quien está a cargo del sistema.

Tienes el poder del discernimiento.

Cuando la voz dice: "No estás esforzándote lo suficiente," detén el pensamiento.

Pregúntale: "¿Quién me dijo eso?"

A menudo escucharás la cadencia o recordarás el escenario exacto.

Quizás fue tu consejero escolar de secundaria quien te empujó hacia una carrera que odiabas.

Quizás fue un hermano muy crítico que envidiaba tu libertad.

Una vez que nombres la fuente, puedes externalizar el ataque.

Este es un trabajo crítico.

Estás moviendo la fuente de la crítica del centro de tu ser hacia el exterior.

Ya no es un defecto de carácter interno.

Es una retroalimentación externa y no deseada.

Es equipaje que pertenece a otra persona.

Imagina una vieja cinta de casete siendo reproducida en la habitación.

Si la grabación dice: "Eres inútil," no crees en el reproductor de casete.

Entiendes que es solo sonido que se emite.

Puedes desconectar el reproductor.

Puedes desechar la cinta.

No tienes que identificarte con el ruido.

Este proceso te da la distancia emocional necesaria para responder, no reaccionar.

Cuando el Crítico habla, no discutes con él.

Simplemente reconoces su fuente con neutralidad.

"Gracias, miedo de la abuela. Escucho que estás preocupado. Pero esa declaración no es mía."

"Eso suena exactamente como mi maestra de tercer grado, la Sra. Davis. Su juicio es irrelevante para mis decisiones adultas."

Tu auto-odio no es un defecto.

Es una línea memorizada de una obra que no escribiste.

Estamos rompiendo el guion.

Estamos eligiendo nuestro propio diálogo.

La forma más rápida de silenciar al Crítico es reconocer que sus palabras pertenecen a una era y una persona que ya no te definen.

Estás completo.

Eres digno.

Cualquier voz que sugiera lo contrario es simplemente una grabación defectuosa que necesita ser retirada permanentemente.

LA DEFENSA DE 3 CAPAS CONTRA LA AUTO-FLAGELACIÓN - POR QUÉ EL "SÁNDWICH DE COMPASIÓN" MATA EL DIÁLOGO INTERNO NEGATIVO DE FORMA IRREVERSIBLE

El Crítico Interno es un abusón.

Le gusta usar un lenguaje rápido y cortante.

Quiere que creas sus mentiras de inmediato.

Necesitas un sistema de defensa confiable y rápido.

Esta es la defensa de tres capas.

La llamamos el Sándwich de Compasión.

Es un protocolo mental simple.

Intercepta la crítica y la deja impotente.

Le enseña a tu Niño Interior que el Yo Adulto está a cargo de la narrativa ahora.

Capa 1: Acepta el Pensamiento.

Esta es la rebanada superior de pan.

Primero debes ver el ataque que se aproxima.

No participes en el contenido todavía.

No discutas, solo observa.

El pensamiento puede gritar: "Eres completamente poco fiable."

Te alejas en silencio y dices: "Reconozco un pensamiento que me llama poco fiable."

Estás etiquetando el pensamiento, no aceptándolo como un hecho.

Estás creando distancia entre tú y el ruido.

Este paso saca la crítica del subconsciente.

La lleva a la luz del Adulto Capaz.

Capa 2: Declara el Origen.

Esto es el relleno del sándwich.

Este es el paso más crucial para la neutralización.

La voz del Crítico Interno casi nunca es realmente tuya.

Es una grabación.

Es el eco de una persona de tu pasado.

Es un maestro, un pariente crítico, o un padre bajo estrés.

Es una emisión no deseada.

Identificas la fuente suavemente pero con firmeza.

Te preguntas: "¿A quién suena eso?"

Si el pensamiento es "Nunca terminas nada", puedes rastrearlo hacia atrás.

Dices: "Esa voz pertenece a la frustración de mi padre."

O, "Ese es el juicio internalizado del sistema escolar."

Declara el origen claramente.

Dices: "Estoy escuchando la vieja grabación que dice que no soy suficiente."

Esta externalización cambia completamente la perspectiva.

El pensamiento deja de ser un defecto de carácter profundo.

Se convierte en un objeto histórico.

Es solo un recuerdo doloroso hablando.

El Niño Interno ve que la amenaza no es real, sino un fantasma.

Capa 3: Ofrece una Alternativa Compasiva.

Esta es la rebanada inferior de pan nutritivo.

Este es el momento en que el Yo Adulto toma el micrófono.

Reemplazas la vieja crítica con el amor incondicional que la parte pequeña siempre mereció.

Hablas directamente al tú más joven, o a la sensación de insuficiencia.

Si el crítico dijo: "Eres worthless", lo contrarrestas de inmediato.

Dices: "Eres valioso porque existes."

Si el crítico dijo: "Debes ser perfecto," respondes con seguridad.

Dices: "Está bien cometer errores."

Dices: "Te amo incluso cuando las cosas van mal."

Te enfocas en la presencia y la seguridad, no en el desempeño.

"Estoy aquí para ti en este momento."

"Podemos intentarlo de nuevo más tarde."

"Estás a salvo conmigo."

Esta capa final envuelve al Niño Interno en estabilidad.

El Sándwich de Compasión reconoce efectivamente el miedo, identifica la fuente y proporciona el antídoto.

Es una técnica rápida de re-parentalización.

Úsala cada vez que la voz dura comience a hablar.

Cuanto más la uses, más débil se vuelve la antigua grabación.

El nuevo mensaje de bondad incondicional se convertirá en tu configuración predeterminada.

CAPÍTULO 5

EL PROTOCOLO DE PARED DE HIERRO: CÓMO ESTABLECER 3 LÍMITES NO NEGOCIABLES SE CONVIERTE EN EL ACTO DE AUTO-CUIDADO MÁS PODEROSO

Los límites no son paredes.

Son fundamentos.

Mantienen el caos fuera.

Mantienen la seguridad dentro.

Así es como proteges a tu pequeño.

Uno de los dolores más profundos y persistentes de una infancia difícil es la falta de estructura.

No había una cerca fiable.

Las reglas cambiaban constantemente.

La fuente de amor también era la fuente de dolor.

La seguridad era condicional.

El niño aprendió rápidamente que sus propias necesidades eran secundarias a las necesidades emocionales de los adultos que lo rodeaban.

El adulto resultante a menudo vive en un estado de permeabilidad emocional.

Tiene bordes suaves.

Dicen que sí cuando quieren decir no.

Sienten culpa instantáneamente cuando consideran tomar tiempo para sí mismos.

Creen que deben ganar su derecho a existir cómodamente.

Esta permeabilidad emocional es agotadora.

Mantiene el sistema nervioso en alta alerta.

¿Por qué?

Porque el Niño Interno sabe que no hay una estructura protectora en su lugar.

Siente que cualquier demanda externa o crisis emocional podría colapsar todo el sistema interno.

Aún están viviendo en la casa con una base poco fiable.

Tu viaje hacia la auto-parentalización requiere fundamentalmente que construyas esa base ahora.

Este es el Protocolo de Pared de Hierro.

Este es el cambio más poderoso que puedes hacer.

Significa crear límites sólidos y no negociables.

Estos límites deben aplicarse tanto externamente (al mundo) como internamente (a tus propios patrones mentales).

Los límites son el lenguaje del auto-respeto.

Son la forma más clara de decirle a tu Niño Interno: "Yo estoy a cargo ahora. No dejaré que te lastimen más."

A menudo pensamos que los límites son crueles.

Confundimos la firmeza con la crueldad.

La verdad es que establecer un límite claro es, de hecho, un acto profundamente compasivo.

Permite que las relaciones sean saludables y predecibles.

Te permite, internamente, finalmente relajarte.

Cuando la protección es sólida, la hipervigilancia puede retroceder.

El miedo que sientes al establecer un límite no es solo tuyo.

Es la memoria del Niño Interno de las consecuencias pasadas.

Recuerdan haber sido castigados por decir que no.

Recuerdan la retirada del amor.

Tienen miedo a ser abandonados.

Tu tarea como Yo Adulto es mantenerte firme y modelar una nueva realidad.

Debes ser el adulto que absorbe la incomodidad temporal de establecer el límite.

Debes mostrarle a tu pequeño que puedes soportar la decepción de otra persona sin desmoronarte.

Puedes soportar su ira sin colapsar tu pared.

El límite se mantiene.

Y cuando se mantiene, el Niño Interno finalmente ve pruebas de tu compromiso.

Los límites externos se trata de gestionar personas, tiempo y energía.

Piensa en tu tiempo y energía como moneda.

El Niño Interno nunca tuvo control sobre su moneda.

Fue tomada, prestada o exigida por otros.

Ahora, eres el tesorero.

Decides exactamente dónde se gasta cada gota de energía.

Esto significa aprender a decir no a las peticiones que no sirven a tu paz interior.

Esto no es egoísta.

Esto es mantenimiento.

Estás manteniendo el santuario que has trabajado tan duro para construir.

Cada vez que aceptas una obligación por culpa, envías un mensaje destructivo hacia adentro.

Ese mensaje es: "La comodidad de los demás es más importante que tu seguridad."

Cada vez que dices un no firme y amable, envías un mensaje sanador.

"Tu descanso es sagrado. Tu paz es lo primero."

El Protocolo de la Pared de Hierro no requiere agresión.

Requiere claridad.

Requiere consistencia.

Un límite enunciado con calma es mucho más fuerte que uno gritado en ira.

La verdadera prueba de la Pared de Hierro llega cuando lo haces contra las personas más cercanas a ti.

Las personas que están acostumbradas a invadir tu espacio reaccionarán.

Podrían llamarte sensible.

Podrían llamarte frío.

Podrían acusarte de cambiar.

Ellos tienen razón.

Has cambiado.

Te has convertido en un padre para ti mismo.

Has dejado de permitir que otros dicten tu valor o tus límites.

Cuando sientas que la ansiedad se apodera de ti—esa culpa enferma y familiar—pausa.

Toca el suelo físico bajo tus pies.

Conéctate a tierra utilizando las técnicas del Capítulo 2.

Luego, habla directamente con el Niño Interior que hay dentro de ti.

Dile, "Escucho tu miedo. Sé que están molestos. Pero estamos a salvo aquí. Su molestia es su responsabilidad. Mi trabajo es proteger nuestro espacio. Y lo estoy haciendo."

Esta co-regulación durante un desafío externo no tiene precio.

Demuestra a todo tu sistema que la protección es la nueva norma.

Pero el Protocolo de la Pared de Hierro está incompleto si solo se ocupa del mundo exterior.

También debemos abordar el caos interno.

El Niño Interior, traumatizado por la inconsistencia, a menudo intenta controlar lo incontrolable a través de hábitos mentales repetitivos.

Estos hábitos son rumiación, preocupación excesiva y planificación catastrófica.

Estos espirales internos parecen productivos, pero son veneno.

Mantienen al cuerpo químicamente saturado con hormonas de estrés.

Cuando te descubres reproduciendo una conversación pasada por quincuagésima vez, ese es el Niño Interior exigiendo control.

Cuando te encuentras construyendo escenarios mentales intrincados de desastres futuros, ese es el Niño Interior exigiendo certeza.

Ellos están desesperados por la previsibilidad.

Están aterrados por las sorpresas.

El Yo Adulto debe intervenir como el padre estructurado.

Debes establecer límites internos.

Nunca dejarías que un niño pequeño se desvelara toda la noche discutiendo con un monstruo imaginario.

Lo consolarías y le dirías que es hora de descansar.

Haces exactamente lo mismo por ti mismo.

Usamos la programación para crear un límite interno.

Esto no se trata de ignorar la ansiedad.

Se trata de respetarla en tus propios términos.

Eres el jefe de tu capacidad de atención.

Eres el padre a cargo del horario.

Si surge una avalancha de preocupaciones durante tu jornada laboral, debes redirigirla suavemente.

No discutas con el pensamiento.

No intentes resolver el miedo de inmediato.

Eso valida el poder del pensamiento.

En su lugar, simplemente reconócelo.

Dices, "Veo que estamos preocupados por la reunión del viernes."

"Vamos a poner ese miedo en la agenda para las 7:00 PM."

"Ahora mismo, estamos a salvo. Ahora mismo, estamos enfocados en esta tarea."

La clave es la consistencia radical.

Cuando lleguen las 7:00 PM, te sientas con un cuaderno y dedicas veinte minutos a las preocupaciones.

Le das al Niño Interior espacio para expresar el miedo completamente.

Luego, cuando pasen los veinte minutos, cierras el cuaderno.

Dices, "Honramos el tiempo de preocupación. Ahora, el muro se vuelve a levantar. Hemos terminado hasta mañana."

Este acto único de establecer límites crea confianza instantánea.

El Niño Interior aprende dos cosas.

Primero, sus miedos son lo suficientemente importantes como para ser escuchados.

Segundo, sus miedos no tienen el poder de destruir todo el día.

El Yo Adulto proporciona el contenedor.

El contenedor proporciona la seguridad.

La estructura es la forma más alta de amor en el proceso de re-crianza.

Tu cuerpo no puede sanar, y tus emociones no pueden estabilizarse, si los límites están constantemente cambiando o colapsando.

Tu compromiso con el Protocolo de la Pared de Hierro es tu declaración de independencia del caos del pasado.

Elige tres áreas hoy donde tus límites son débiles.

Quizás sea aceptar favores de última hora.

Quizás sea revisar correos electrónicos de trabajo tarde en la noche.

Quizás sea dejar al Crítico Interno actuar libremente con comentarios tóxicos.

Dibuja una línea firme alrededor de esas tres áreas.

Esto no es una sugerencia.

Esta es la nueva ley de tu hogar interno.

Este compromiso es el sonido de ti finalmente volviendo a casa contigo mismo.

DICIENDO 'NO' SIN CULPA: EL GUION SIMPLE QUE PROTEGE TU ENERGÍA DE LOS VAMPIROS EMOCIONALES Y GANA RESPETO

Los límites no son comodidades opcionales.

Son necesidades fundamentales.

Son la pared de hierro que construyes alrededor de tu santuario interno.

Esta pared protege las partes de ti que aún están aprendiendo a confiar.

El adulto necesita proporcionar la estructura que el niño nunca tuvo.

Esta estructura se construye con un 'No' seguro.

¿Por qué es tan difícil decir 'no'?

El miedo es profundo.

Viene de un tiempo cuando decir 'no' significaba conflicto.

Significaba ser etiquetado como difícil o ingrato.

Significaba posible abandono.

El pequeño interior aún lleva ese terror.

Cuando intentas establecer un límite, ese viejo miedo grita, "Peligro."

Tu corazón se acelera.

Te sientes instantáneamente culpable.

Debemos enseñar al sistema nervioso un nuevo patrón.

Le enseñamos que 'no' iguala a seguridad.

No estamos hablando de ser agresivos.

Estamos hablando de ser firmes y claros.

Un límite es simplemente enunciar lo que aceptarás y lo que no aceptarás.

Es un anuncio sobre tu energía.

No es una discusión sobre su comportamiento.

Las personas que drenan energía prosperan en la ambigüedad.

Dependiendo de tu necesidad de complacerles.

Pueden usar la culpa o la crítica para mantener el acceso a tu tiempo y energía.

Tu trabajo es cerrar ese acceso suavemente, pero de inmediato.

No les debes una explicación.

Las explicaciones son invitaciones a negociar.

Cuanto más simple sea el límite, más fuerte será.

Evita la frase “Lo siento, pero...”.

No sientes pena por protegerte a ti mismo.

Estás simplemente afirmando un hecho sobre tu horario o capacidad.

Aquí tienes el guion simple para proteger tu energía.

Es una declaración, no una excusa.

Si alguien te pide que asumas una tarea que no puedes manejar:

“Gracias por pensar en mí para esto.”

“No estoy disponible para ayudar con eso en este momento.”

Deja de hablar.

Deja que el silencio haga el trabajo pesado.

No necesitas añadir la razón sobre tu semana ocupada.

No necesitas mencionar que te sientes agotado.

La razón es simplemente que no puedes.

Punto.

Si alguien es abiertamente crítico o muy negativo:

Esto es un límite en los temas de conversación.

“Necesito cambiar de tema ahora.”

“No puedo hablar sobre este tipo de tema hoy.”

Si persisten, repítelo con calma.

“Como dije, necesito cambiar de tema.”

Si se niegan, estableces un límite sobre tu presencia.

"Voy a alejarme ahora."

Esta firmeza silenciosa es lo que construye respeto.

Le dice al mundo exterior que tu tiempo es valioso.

Más importante aún, le dice a tu niño interior que eres confiable.

El adulto que eres está apareciendo para proteger al pequeño.

Esta consistencia crea seguridad interna más rápido que cualquier cantidad de terapia.

Estás demostrando que el abandono del pasado no volverá a ocurrir.

Estás proporcionando la estructura de protección incondicional.

La culpa se desvanece cuando el respeto propio echa raíces.

Sigue practicando el simple 'No.'

Es la palabra más poderosa en el lenguaje de la autopaternidad.

DETENER EL CICLO: CÓMO DARLE A TU NIÑO INTERIOR ABRUMADO UN TIEMPO DE DESCANSO OBLIGATORIO Y TERAPÉUTICO

El mundo externo requiere líneas claras.

Tu mundo interno también necesita límites.

¿Alguna vez te has sorprendido corriendo el mismo bucle de pensamiento doloroso?

Va y viene dentro de tu cabeza.

Esta actividad mental persistente es rumia.

Es una espiral de ansiedad.

Se siente como si estuvieras siendo productivo al preocuparte.

Se siente necesario.

Pero es auto-sabotaje emocional disfrazado.

Tu niño interior se abruma fácilmente con estos bucles caóticos.

Él necesita desesperadamente que el adulto que eres intervenga y detenga el viaje.

El yo adulto debe establecer las reglas firmes aquí.

Necesitamos un límite innegociable para el caos interno.

Cuando un niño pequeño está frenético, un padre amoroso le da un tiempo de descanso.

Esto no es un castigo.

Es una protección necesaria contra la sobreestimulación.

Es un descanso obligatorio del estrés.

Debemos ofrecer este mismo alivio a nuestro yo interno.

Lo llamamos el Tiempo de Descanso Terapéutico.

Es un poderoso acto de establecimiento de límites internos.

El primer paso es notar que la espiral comienza.

Esto requiere una conciencia suave, no juicio.

Cuando te das cuenta de que estás revisando la misma preocupación por décima vez.

Cuando estás ensayando mentalmente escenarios de peor caso que no han sucedido.

Usas una señal de alto firme.

Di mentalmente la palabra "ALTO".

Dilo con firmeza y convicción.

Este es el momento de intervención del adulto.

No puedes prohibir la preocupación por completo.

Eso crea resistencia y rebelión interna.

En cambio, la gestionamos.

La programamos.

Esto se llama programación del tiempo de preocupación.

Le dices a tu niño interior, "Hemos terminado de preocuparnos por ahora."

"Volveremos a esta ansiedad exactamente a las 7:00 PM."

Literalmente haces una cita de diez minutos en tu horario para preocuparte.

Cuando la espiral comienza antes, le recuerdas suavemente al yo interno.

“Gracias por mostrarme esta preocupación.”

“Todavía no son las 7:00 PM.”

“Lo ponemos en la lista para nuestro tiempo programado.”

Esta estructura restaura instantáneamente un sentido de control adulto.

Le dice a la parte interna que la preocupación es válida, pero el momento no es el adecuado.

El Tiempo de Descanso Terapéutico requiere un cambio de enfoque inmediato.

Debes mover inmediatamente la energía de tu mente a tu cuerpo.

Regresamos a técnicas de anclaje físico.

Realiza tres minutos de actividad física intensa.

Salta arriba y abajo rápidamente.

Mueve tus manos como si intentaras sacudir el agua de ellas.

Aplasta un cubito de hielo en tu palma hasta que el frío sea distractor.

Enfócate solo en la sensación física de esfuerzo o temperatura.

Esto mueve la energía nerviosa.

Ancla al niño interior en el momento presente, donde está a salvo.

Otro límite interno esencial son los límites de los medios de comunicación.

El niño interior es muy sensible a los desencadenantes externos.

Desplazarse sin cesar por las redes sociales no es reconfortante.

Es sufrimiento comparativo.

Ver reportes de noticias negativas alimenta la ansiedad generalizada.

Establece un límite duro y protector alrededor de estas actividades.

Dile al pequeño, "Estamos a salvo aquí."

“No consumimos el caos externo sin permiso.”

Esto eres tú, de guardia en la puerta interna.

Establecer estos tiempos de espera obligatorios y amorosos es establecer límites en su forma más pura.

Estás demostrando a la parte interna que estás a cargo de su bienestar.

Eres el líder seguro y estable.

Tú decides cuándo termina la sesión de preocupación.

Tú decides cuándo comienza la paz.

Esta protección constante define la verdadera seguridad interna.

Detiene la espiral.

Creará calma.

CAPÍTULO 6

LA TÉCNICA DEL TESTIGO: CÓMO MANEJAR SENTIMIENTOS EXPLOSIVOS (IRA, DUELO, VERGÜENZA) COMO UN ADULTO SIN CERRARTE O AGOTARTE

Hemos hecho tanto trabajo creando una casa segura.

Construimos los cimientos de la calma del sistema nervioso.

Establecimos los fuertes muros de los límites.

Ahora, a veces, una tormenta aún golpea la casa.

Golpea fuerte.

Este capítulo es para las explosiones.

Es para los momentos en que la ira se vuelve ardiente y cegadora.

Es para el duelo que se siente como que te ahogas.

Es para la vergüenza que te hace querer desaparecer.

Muchas personas piensan que la madurez emocional significa estar calmado todo el tiempo.

Creen que el objetivo es dejar de tener grandes sentimientos por completo.

Esta es una mentira dañina e imposible.

Es otra forma de autoabandono.

Si intentas empujar la ira lejos, te agotas.

Si intentas ignorar la tristeza, te cierras.

Si luchas contra el sentimiento, siempre gana.

Por eso manejar la emoción intensa ha sido tan agotador.

La verdadera madurez emocional no se trata de la ausencia de sentimientos.

Se trata de la capacidad de sostener el sentimiento.

Se trata de saber que puedes sentir un dolor inmenso y aún así mantenerte firme.

No tienes que cerrarte.

No tienes que agotarte.

Solo tienes que aprender a ser testigo.

Los sentimientos explosivos son la respuesta de pánico del Niño Interior.

El pequeño no tiene las habilidades de un adulto para manejar esa inmensa energía.

Intenta reprimirlo o desecharlo.

Entrará en pánico y sobrecargará el sistema.

Cuando reaccionas desproporcionadamente o te congelas, esa es la respuesta de pánico ganando.

Necesitamos que el Yo Adulto intervenga y se convierta en el contenedor.

Esto se llama co-regulación.

El cuerpo adulto se mantiene seguro y arraigado.

La mente adulta se mantiene presente.

El Niño Interior recibe permiso para liberar la energía, sostenida firmemente por ti.

Te conviertes en el ojo tranquilo de su huracán emocional.

La Técnica del Testigo es el mecanismo para esta práctica.

Es simple, pero requiere esfuerzo continuo.

Te pide que crees espacio entre tú y la emoción.

No eres la ira.

Eres la persona que experimenta la ira.

Esta pequeña separación cambia todo sobre tu experiencia.

Piense en tus emociones como un feroz río caudaloso.

Antes, cuando los sentimientos golpeaban, te lanzabas y eras arrastrado.

Te precipitabas por las rápidas de la rabia o la desesperación.

La Técnica del Testigo te saca a la orilla.

Aún estás cerca del río.

Puedes sentir la rociada del agua y oír el rugido.

Pero estás en suelo firme.

Esta técnica es un ritual de cuatro pasos para permanecer presente.

Paso Uno: Ancla Tu Cuerpo Adulto.

Cuando un gran sentimiento golpea, el cuerpo es el primero en reaccionar.

Se te tensan los hombros.

Se te constriñe el pecho.

El estómago se contrae con fuerza.

Debes interrumpir este proceso físico de inmediato.

Aquí es donde tus habilidades del Capítulo 2 son esenciales.

Utiliza la respiración 4-7-8.

Siente tus pies en el suelo.

Sostén el borde de una mesa resistente.

El Yo Adulto debe establecer primero la seguridad física.

Di en voz alta si es posible: Estoy físicamente seguro en este momento.

Estoy anclado al presente.

Paso Dos: Identifica y Nombra al Visitante.

Este es un momento crucial para establecer control.

A menudo usamos etiquetas vagas y destructivas cuando estamos abrumados.

Decimos: "Estoy desmoronándome."

Decimos: "No valgo nada."

Necesitamos ser precisos.

Pregunta a la mente adulta: ¿Cuál es el visitante específico en la puerta?

¿Es Ira caliente y palpitante?

¿Es Tristeza profunda y pesada?

¿Es Vergüenza fría y aislante?

Nómbralo de manera clara y neutra.

No lo juzgues como bueno o malo.

Simplemente di: Esta es una ola de Miedo.

O: Esta es una intensa Frustración.

Este paso restaura el control del Adulto.

Estás etiquetando la experiencia, no definiéndote por la experiencia.

Paso Tres: Localiza y Testifica la Sensación.

Las emociones son sensaciones físicas antes de ser pensamientos.

¿Dónde vive este sentimiento en tu cuerpo en este momento?

La ira podría ser una vibración tensa en el pecho o un calor detrás de los ojos.

El duelo podría ser un peso pesado empujando hacia los pulmones.

La vergüenza a menudo se siente como un rubor de calor en la cara o una repentina vacuidad en el vientre.

Enfoca tu atención por completo en ese lugar.

No intentes resolver el sentimiento o encontrar el trauma histórico todavía.

Solo observa su textura.

¿Es afilada o roma?

¿Está en movimiento o quieta?

¿Está caliente o fría?

Simplemente estás presenciando la realidad física de la angustia del Niño Interior.

Le estás diciendo al pequeño: Veo este calor.

Veo este agarre.

No voy a escapar de ello esta vez.

Paso Cuatro: Ofrece Reassurance Continua y Incondicional.

Este es el momento de la co-regulación.

Estás activando tu Voz de Adulto (Capítulo 4) para consolar el malestar que estás presenciando.

La reassurance debe ser simple y repetitiva.

Habla internamente, suavemente, o susúrralo suavemente.

"Sé que esto duele."

"Este sentimiento es enorme, y estoy aquí para ti."

"Está bien estar tan enojado en este momento."

"Estás a salvo conmigo, aunque te sientas aterrorizado."

Estás proporcionando el amor y la aceptación incondicionales que la emoción, y el niño que la sostiene, requieren.

No necesitas hacer que el sentimiento se detenga.

Solo necesitas estar presente para quien lo está sintiendo.

Apliquemos esta estructura a las tres emociones más disruptivas.

Manejando la Ira.

La ira a menudo es una pared protectora construida alrededor de un núcleo de profundo dolor.

Es el Niño Interior gritando: "¡Detente! ¡Esto no es justo! ¡Has cruzado mi límite!"

Es una emoción de alta energía diseñada para forzar el movimiento.

Cuando la ira golpea, tu primer instinto suele ser atacar destructivamente o suprimir la energía de inmediato.

Ninguna de estas respuestas es madura.

Atacar quema puentes relacionales.

Suprimirla crea resentimiento crónico y enfermedad física.

En cambio, presenciamos el calor de la ira.

Ancla completamente el cuerpo.

Quizás necesites levantarte y mover tus brazos vigorosamente durante treinta segundos.

Estás moviendo la energía de manera segura, no dirigiéndola hacia nadie.

Presencia el sentimiento: Es un calor agudo en mi mandíbula y hombros.

Luego, tranquiliza: Veo lo enojado que estás.

sé que te sientes violado y menospreciado.

Estamos a salvo ahora.

Voy a manejar esta situación como un adulto.

Tengo control sobre mis acciones, incluso si tú no tienes control sobre este sentimiento inicial.

Dejas que el sentimiento siga su curso, como ver un fuego arder de manera segura en un hogar controlado.

La ira se desvanece cuando se da cuenta de que ha sido vista y escuchada sin juicio.

Manejando el Duelo y la Tristeza.

El duelo es pesado.

Es el reconocimiento de la pérdida—pasada o presente, reconocida o no reconocida.

Es lento y abrumador.

Cuando la tristeza abrumadora golpea, el cuerpo a menudo quiere hundirse o llorar hasta que la agotamiento y el sueño tomen el control.

Presenciamos el peso sin tratar de aligerarlo.

Ancla tu cuerpo apoyándote físicamente.

Siéntate y apóyate contra una pared.

Envuelve tus brazos alrededor de tu pecho firmemente.

Presencia el sentimiento: Esto es un profundo dolor vacío en mi pecho.

Se siente frío, pesado y vasto.

Luego, tranquiliza: Está bien estar tan triste.

Sé que te has perdido de mucho amor y estabilidad.

Sé que la pérdida es muy real.

No tenemos que ser fuertes en este momento.

Estoy sosteniendo todo este dolor por nosotros.

Le das al pequeño permiso para sentir profundamente, para llorar o sollozar si es necesario, sin vergüenza ni límite de tiempo.

Eres la presencia firme e inmutable en la tormenta de tristeza.

Manejando la Vergüenza.

La vergüenza es quizás la emoción más difícil de presenciar porque su propósito total es hacerte esconder.

Es insidiosa y pegajosa.

Te dice: Eres fundamentalmente malo e innombrable.

Te hace querer aislarte, autolesionarte o desaparecer por completo.

La vergüenza es el sentimiento de estar expuesto y no digno de conexión humana.

Cuando la vergüenza golpea, el impulso físico es colapsar hacia adentro, encorvarse y evitar el contacto visual.

Debemos utilizar el Ser Adulto para contrarrestar activamente este colapso.

Ancla el cuerpo sentándote erguido, enderezando deliberadamente tu columna vertebral.

Levanta tu mentón ligeramente.

Presencia el sentimiento: Esta es una contracción apretada en mi estómago y un ardor de calor en mi cuello.

Esta es la parte de mí que cree que merezco un castigo.

Luego, ofrece una reassurance radical e inmediata: Esta vergüenza es una mentira.

No hiciste nada malo para merecer este sentimiento.

Eres una buena persona que simplemente está sufriendo.

Cometemos errores, y aún somos dignos de amor y respeto.

Acepto completamente.

Nunca te abandonaré, incluso cuando sientas que más defectuoso estás.

Esta respuesta deliberada y compasiva es la reversión definitiva del mensaje del Crítico Interno.

Estás eligiendo activamente pertenencia sobre un aislamiento doloroso.

La aplicación continua de la Técnica de Testigo construye resistencia emocional.

Enseña al Niño Interno que los sentimientos grandes son temporales.

Son olas que pasan.

No son tsunamis que destruyen toda la costa de seguridad que has construido.

Y más importante aún, le demuestra al pequeño que el Ser Adulto siempre es capaz.

El adulto no entra en pánico.

El adulto no huye.

El adulto permanece aquí, anclado, observando y amando.

Esta práctica crea un nuevo y profundo camino neural.

El antiguo camino decía: Sentimiento Grande = Peligro, Cierre, Aislamiento.

El nuevo camino dice: Sentimiento Grande = Seguridad, Presencia, Conexión.

Finalmente estás cerrando el círculo interno del abandono.

Te estás dando el refugio seguro que has buscado toda tu vida.

Este es el profundo silencio que sigue a la tormenta más fuerte.

Lo manejaste.

Te quedaste.

Estás completo.

EL MÉTODO FBI DE IDENTIFICACIÓN EMOCIONAL: POR QUÉ SER ESPECÍFICO SOBRE TUS SENTIMIENTOS RESTAURA INSTANTÁNEAMENTE EL CONTROL ADULTO

A veces te sientes abrumado.

El mundo simplemente se siente horrible.

Podrías decirte a ti mismo: "Estoy estresado."

Podrías declarar: "Estoy deprimido."

Podrías pensar: "Estoy roto."

Estas son etiquetas enormes y borrosas.

Se sienten verdaderas en el momento.

Pero no hacen absolutamente nada para ayudarte a avanzar.

De hecho, suelen hacer que el sentimiento sea mucho más grande.

Un sentimiento enorme y sin forma no puede ser contenido.

Se siente como un monstruo que vive dentro de ti.

La clave para el control adulto es la identificación simple.

Piense como un científico forense o un investigador.

Nunca escriben "Aquí ocurrieron cosas malas."

Enumeran meticulosamente los hechos.

Nombran la evidencia específica.

Debemos hacer esto con nuestros sentimientos, también.

Pasamos de lo general a lo específico.

Este es el Método del FBI: Sentir por Identificación.

Es un ejercicio de precisión despiadada y sin juicios.

Cuando el sentimiento aparece, tu trabajo como adulto es aislar la señal.

No aceptes la primera etiqueta amplia.

Profundiza más.

Podrías sentirte "ansioso."

La ansiedad es un paraguas.

¿Qué hay debajo de ese paraguas ahora mismo?

¿Sientes incertidumbre sobre un resultado futuro?

¿Sientes una profunda decepción en una relación?

¿Sientes una irritación baja y persistente por falta de sueño?

¿Te sientes a la defensiva porque alguien cuestionó tu esfuerzo?

La diferencia entre estas palabras es monumental.

Si dices "estoy ansioso," tu sistema nervioso escucha una amenaza vaga y permanente.

Permanece en alta alerta.

Si dices "me siento irritado porque perdí mi autobús," tu cerebro procesa una condición temporal.

Inmediatamente sugiere una solución: "Espera al siguiente."

La especificidad transforma la emoción de una identidad en un estado temporal.

Le quita poder al caos.

Cuando gritas "Soy un desastre," el sentimiento te consume por completo.

Define quién eres.

Cuando susurras "Me siento profundamente triste por esa pérdida," la tristeza está contenida.

Es algo que estás experimentando.

No es algo que eres.

Este proceso de nombrar es el primer acto crucial de co-regulación.

Te estás alejando como el Yo Adulto estable.

El Yo Adulto es racional y observador.

El Yo Adulto nota el punto de datos.

El Adulto dice: "Aha. Decepción. Sé cómo se siente la decepción."

El Yo Adulto no sabe cómo manejar un "Desastre."

Pero el Yo Adulto siempre puede sostener la decepción.

Cuando nombras con precisión el sentimiento, creas separación entre tú y el sentimiento.

Esa separación es control.

Una emoción nombrada con precisión tiene límites.

Tiene bordes que puedes manejar.

Ya no es un océano sin límites que amenaza con hundirte.

Es una sola ola que puedes observar.

Practica expandir tu vocabulario emocional de inmediato.

No te conformes con triste, enojado o contento.

En lugar de triste, prueba soledad, duelo o fatiga.

En lugar de enojado, prueba frustración, resentimiento o violación de límites.

En lugar de asustado, prueba cauteloso, inseguro o abrumado.

Cuanto más amplio sea tu vocabulario, más ajustada puede ser tu respuesta.

Si lo nombras fatiga, la respuesta es descanso.

Si lo nombras resentimiento, la respuesta es un límite.

Si lo nombras soledad, la respuesta es conexión.

Si te quedas con la etiqueta borrosa, la respuesta es simplemente pánico o entumecimiento.

Tu Niño Interior está utilizando estas señales grandes y borrosas para captar tu atención.

Tu trabajo como Adulto es acercarte muy de cerca.

Lo más amoroso que puedes hacer por tu pequeño abrumado es darle a su enorme sentimiento un nombre pequeño y manejable.

Este proceso reafirma instantáneamente que el Adulto está presente.

Estás a cargo de la observación.

Estás a cargo de la interpretación.

Estás completamente seguro.

EL CICLO INTERIOR AUTOSOSTENIBLE: COMBINANDO LA ESTABILIZACIÓN Y EL RECONOCIMIENTO PARA ENFRENTAR CUALQUIER TORMENTA EMOCIONAL

Las tormentas emocionales aún suceden.

Es parte de ser humano.

Aún sentirás pánico a veces.

Aún sentirás un profundo duelo o ira repentina.

La diferencia ahora es que tienes un mapa.

Tienes las herramientas para navegar por la ola.

Ya no estás ahogándote pasivamente en el sentimiento.

Cuando una gran emoción golpea, tu sistema nervioso ejecuta el antiguo programa.

El niño interior se siente abandonado y aterrorizado.

El yo adulto se siente incapaz y abrumado.

Rompemos este ciclo con el Ciclo Interior.

El Ciclo tiene dos partes que trabajan juntas sin problemas.

Una parte es la Estabilización.

La otra parte es el Reconocimiento.

La Estabilización es el ancla.

No puedes razonar con el terror.

Primero debes sacar al cuerpo del modo de peligro.

Piénsalo de nuevo en el Capítulo Dos.

¿Qué es una pequeña cosa que puedes hacer ahora mismo?

¿Puedes sentir el peso de tu cuerpo sobre el asiento?

¿Puedes notar la luz golpeando la pared?

Toma tres respiraciones deliberadas y lentas.

Empuja tus pies firmemente contra el suelo.

Haz esto hasta que el borde agudo del pánico se atenúe ligeramente.

No estamos tratando de eliminar el sentimiento.

Solo estamos creando espacio a su alrededor.

Estamos estableciendo seguridad física.

El yo adulto dice: "El entorno es estable."

En el momento en que se establece esa estabilidad física, pasas al Reconocimiento.

Este es el abrazo verbal y emocional.

Este es el sandwich de compasión del que hablamos antes.

Hablas directamente a la parte más joven que está herida.

Usa la primera persona para mostrar compromiso.

Dices: "Veo cuán asustado estás ahora mismo."

Dices: "Tiene sentido que te sientas así."

Dices: "Estoy aquí contigo."

Estás ofreciendo validación, no análisis.

El pequeño no necesita ser reparado.

Necesitan ser testigos.

Necesitan saber que no están solos en la intensidad.

El yo adulto está diciendo: "El ambiente interno es seguro."

El bucle autosostenible ocurre cuando alternas entre estas dos acciones.

La emoción es alta.

Pausas y te enraizas.

Inhalas, retienes y exhalas lentamente.

Sientes el suelo bajo tus pies.

Entonces pronuncias la verdad tranquilizadora.

"Esto es mucho, pero lo estamos manejando."

"No me voy a ninguna parte."

Si la sensación se intensifica nuevamente, regresas inmediatamente a enraizarte.

Cambias tu enfoque al mundo sensorial.

¿Qué hueles?

¿Qué oyes?

Luego vuelves a la reafirmación.

"Hemos superado tormentas antes."

"Este sentimiento es temporal."

Este ciclo continuo previene dos trampas importantes.

Previene la disociación o el congelamiento (demandando presencia física).

Previene la autocrítica o el arrebato (demandando compasión).

Te conviertes en el co-regulador de tu propio sistema.

La parte adulta es fuerte y está presente.

La parte del niño interior es vista y consolada.

Las dos partes trabajan juntas para mantener la calma, incluso cuando el mundo externo—o la emoción interna—es salvaje.

Este bucle enseña a todo tu ser una profunda nueva lección.

Nunca estás realmente abandonado, porque siempre te presentas a ti mismo.

Eres tu propio ancla.

Eres tu propio consuelo.

La tormenta puede rugir, pero dentro de tu corazón, el hogar es seguro.

CAPÍTULO 7

EL REGRESO A CASA: CÓMO FINALMENTE INTEGRAR TU ADULTO CAPAZ Y TU NIÑO INTERIOR ALEGRE PARA UNA VIDA DE FACILIDAD ESPONTÁNEA

Has llegado.

Estás aquí ahora, de pie en un suelo sólido.

Mira hacia atrás por un momento, suavemente.

¿Recuerdas esa angustia vacía?

¿La sensación de que siempre faltaba una pieza fundamental de ti?

Esa sensación pertenecía al pasado.

Pertenece al tiempo cuando aún no estabas en casa.

Ahora, el viaje de construir ese santuario está completo.

El trabajo constante de establecer límites, calmar tu sistema nervioso y hablarte suavemente ha dado sus frutos.

Ya no estás gestionando heridas.

Estás viviendo plenamente.

Este capítulo trata sobre la integración.

Es el regreso a casa hacia el que hemos estado trabajando.

Es el momento en que el adulto capaz y el niño alegre finalmente reconocen que son socios, no facciones en guerra separadas.

Durante mucho tiempo, podrías haberte sentido dividido.

El Yo Adulto se sentía pesado, responsable y cansado.

El Niño Interior se sentía asustado, demandante y abrumador.

La integración significa reconocer que ambos se necesitan mutuamente para crear el tú entero y auténtico.

El Adulto proporciona la seguridad.

El Niño proporciona la chispa.

Cuando la seguridad se encuentra con la chispa, obtienes facilidad espontánea.

Obtienes integridad.

¿Cómo se ve la integridad?

Se ve como risas que estallan sin filtrarse.

Se ve como facilidad en situaciones que antes te paralizaban.

Se ve como recuperación rápida y suave después de un error.

Se ve como tú, finalmente.

Significa que ya no estás definido por el trauma que sobreviviste.

Estás definido por el amor constante que ahora te proporcionas.

Debemos guardar la identidad de "El Sanador."

Debemos dejar de pensar en nosotros mismos como "alguien que aún está arreglando cosas."

Esa constante necesidad de reparar implica una rotura que simplemente ya no es verdadera.

No estás roto.

Eres consistente.

Eres entero.

El momento en que cambias de sanar a vivir, todo cambia.

Sanar es la gestión activa del dolor.

Vivir es la expresión espontánea de la seguridad.

El trabajo del Yo Adulto está completo.

El Adulto ha construido la casa.

Las paredes son fuertes.

Los cimientos son estables (Capítulo 5, Límites).

Las luces funcionan (Capítulo 2, Hacks del Sistema Nervioso).

El Yo Adulto es el ritmo constante en el fondo.

El trabajo del Niño Interior es decorar la casa.

El niño trae color.

El niño trae ruido.

El niño trae juego.

El niño trae la alegría salvaje y desenfrenada que estaba encerrada por protección.

Si mantienes al niño encerrado, la estructura adulta se vuelve rígida.

Te vuelves profesional, eficiente y profundamente aburrido.

Vives por hojas de cálculo y deber.

Si el niño dirige la casa sin la estructura adulta, se convierte en caos.

Es impulsividad sin previsión.

Es pasión sin consistencia.

La integración es el equilibrio.

Es el adulto capaz asegurando que las cuentas estén pagadas y las puertas cerradas, para que el niño alegre pueda pintar con seguridad arcoíris en la pared del comedor.

Piense en su estado más deseado.

¿Es paz?

¿Es confianza?

Estos son subproductos de la integración.

Cuando el Niño Interior se siente genuinamente seguro dentro del Adulto, dejan de hacer ruido.

Dejan de exigir atención a través de la ansiedad o el autosabotaje.

Simplemente existen, presentes y disponibles.

Esto libera cantidades increíbles de energía.

Esta es la energía que solías gastar monitoreando peligros.

Esta es la energía que solías gastar en la autocrítica.

Ahora, esta energía está disponible para el flujo creativo y la conexión auténtica.

La señal de una verdadera integración es lo que llamamos facilidad espontánea.

Esto significa que estás operando desde un lugar de flujo, no de esfuerzo.

Cuando surge un problema inesperado, el Yo Adulto avanza de inmediato.

Utiliza las técnicas de anclaje del Capítulo 2 sin pensarlo.

Aplica la suave reasurancia del Capítulo 4 automáticamente.

La parte más joven está presente, sí, pero no está en pánico.

Sabe que el Adulto tiene la situación bajo control.

Dice, "Oh, un error," en lugar de, "Oh, desastre."

Se apoya en la competencia de tu yo actual.

Para solidificar esta integración, debemos centrarnos en el lenguaje de la alegría.

La seguridad se construye a través de la rutina y la estructura.

La alegría se construye a través de la espontaneidad y el permiso.

El Adulto debe darle conscientemente al Niño Interno permiso para simplemente ser.

No para lograr.

No para desempeñarse.

Solo para estar presente en el momento y experimentar deleite.

Esta es a menudo la parte más difícil para los adultos de alto rendimiento que fueron criados en entornos donde el rendimiento equivalía al amor.

Tienes que desaprender la necesidad constante de productividad.

Debes permitir actos que no tengan un resultado medible, salvo por la simple felicidad.

¿Cuándo fue la última vez que hiciste algo puramente por la sensación de hacerlo?

¿Te sentiste culpable después?

Esa culpa es el último hilo de la antigua programación.

Es el Crítico Interno tratando de recuperar el control, exigiendo productividad.

Tienes el poder ahora de decirle a esa voz, "Gracias por compartir, pero estamos eligiendo la alegría."

El yo integrado reconoce que la alegría no es frívola.

La alegría es combustible.

La alegría es mantenimiento esencial para el alma.

Un adulto capaz que es alegre es mucho más resiliente que un adulto capaz que es meramente eficiente.

Integramos la parte más joven no solo al calmar su miedo, sino al honrar su verdadera naturaleza.

Lo que se te quitó en la infancia no fue solo la seguridad.

Fue el estado natural de juego.

El estado natural de curiosidad.

El derecho a hacer un desorden.

El derecho a intentar algo nuevo sin la amenaza de un juicio catastrófico.

La vida integrada trae de vuelta esos derechos.

Le da al yo más joven un permiso para existir.

El adulto se convierte en el proveedor benévolo de experiencias.

El adulto asegura el tiempo libre.

El adulto compra los materiales de arte.

El adulto se asegura de que el entorno sea lo suficientemente seguro para la tontería.

Este es el pago final de la crianza interna.

Ya no tienes que separar tu yo serio de tu yo ligero.

Se convierten en un único movimiento fluido.

Puedes ser profundamente profesional en una reunión y cinco minutos después, estallar en una risa genuina por algo tonto.

Ya no hay una máscara que mantener.

Solo hay presencia auténtica.

La consistencia es la palabra mágica aquí.

La integración se estabiliza cuando el Niño Interno aprende, a través de la repetición, que el Yo Adulto siempre estará presente.

Te presentaste cuando los sentimientos eran grandes (Capítulo 6).

Te presentaste cuando los críticos eran ruidosos (Capítulo 4).

Te presentaste cuando el mundo exigió demasiado (Capítulo 5).

Esa consistencia es lo que permite que el Yo Más Joven finalmente suelte sus puños.

Confía en las manos capaces que lo sostienen.

Cuando se establece la confianza, la verdadera alegría sin esfuerzo se convierte en lo predeterminado.

No tienes que intentar ser feliz más.

Simplemente quitas los obstáculos a la felicidad.

Los obstáculos eran la vergüenza, el miedo y la falta de estructura.

Los has eliminado todos.

El estado predeterminado del alma humana, cuando está a salvo, es curiosidad y alegría.

Estás regresando a la configuración de fábrica.

Esta es la libertad de ser completo.

Eres el padre, el hijo y la persona pacífica y entera que está aquí hoy.

Bienvenido a casa contigo mismo.

EL SECRETO $0 PARA LA ALEGRÍA SIN ESFUERZO: REINYECTANDO LOS 5 ACTOS PROHIBIDOS DEL JUEGO INFANTIL DE NUEVO EN TU RUTINA

Has hecho un trabajo profundo y fundamental.

Has construido una estructura interna estable.

Has establecido límites.

Has acallado las voces críticas.

Ahora llegamos a la parte hermosa.

Invitamos de nuevo a la alegría.

La integración no se trata solo de resolver viejos problemas. Se trata de dejar que el adulto capaz juegue con el Niño Interno liberado. El adulto proporciona el contenedor. El niño lo llena de luz.

Si siempre eres serio, todavía estás operando desde un lugar de miedo. Jugar es la prueba definitiva de seguridad. Dice, "Tengo tiempo para cosas inútiles."

Pero nuestra sociedad ha envenenado el concepto de juego.

El juego de los adultos debe ser productivo.

Hacemos ejercicio para perder peso. Leemos para mejorar nuestras mentes. Socializamos para hacer contactos. Todo tiene un objetivo adjunto.

El verdadero juego no tiene propósito.

Debe tener cero resultados medibles. Si tiene un propósito, es trabajo disfrazado.

El secreto para integrar la alegría es reinyectar los actos que te prohibiste hace años. Estos son los actos simples y poderosos de ser un niño. No cuestan nada. Ofrecen todo.

Estamos reclamando cinco actos de alegría verdaderamente inútil y sin esfuerzo.

Acto Uno: La Marca Desordenada.

Encuentra un bolígrafo barato o una crayola. Encuentra un trozo de papel reciclado. No intentes dibujar algo. No intentes hacer arte. Solo garabatea. Haz líneas rápidas y agresivas. Haz líneas suaves y en bucle. Deja que el bolígrafo haga ruido contra el papel. Este es un movimiento puro y no dirigido. Es creación sin crítica. Solo unos minutos de marcas desordenadas cambian tu estado energético.

Acto Dos: El Bailarín Terrible.

Elige una canción que tenga un ritmo fuerte. Ve a una habitación privada. Reprodúcela a todo volumen. No intentes bailar bien. No intentes lucir gracioso. El objetivo es mover tu cuerpo tan torpemente como sea posible. Agita los brazos. Mueve tus caderas torpemente. Salta arriba y abajo hasta que te rías de ti mismo. Este movimiento libera energía atrapada. Es un reinicio inmediato del sistema nervioso.

Acto Tres: Tiempo Horizontal.

¿Cuándo fue la última vez que te acostaste boca arriba? Encuentra una alfombra, un parche de hierba, o incluso un sofá. Acuéstate. No leas. No mires tu teléfono. Mira al techo. O mira las nubes. Solo observa. Esta es una observación pura y no estructurada. Le dice al cuerpo, "Estamos lo suficientemente seguros como para dejar de movernos." Le da a la mente adulta un descanso obligatorio.

Acto Cuatro: Ruido por el Sake de Ruido.

Los niños son maestros del sonido. Hacen clics divertidos, suspiros exagerados y chillidos fuertes. Silenciamos esto como adultos. Reclama el sonido. Haz un ruido ridículo. Usa una voz tonta para hablarte en el espejo. Hum dramaticamente. Crea un sonido que no sirva para nada salvo para la expresión. Permitirte esta tontería es un acto radical de autoaceptación. Rompe el agarre de la dignidad.

Acto Cinco: La Creación Inútil.

Reúne algunos pedazos y partes. Tal vez clips y cinta adhesiva. Quizás algunas hojas secas y una pequeña piedra. Construye algo que no tenga absolutamente ninguna función. Una torre pequeñita que se cae de inmediato. Una escultura ridícula hecha de calcetines. Debe ser impráctica y fácilmente olvidable. Esto le dice al Niño Interno, "Valoro tu deseo de crear, incluso si no logra nada."

Estos cinco actos no son tareas por completar. Son permisos que te otorgas a ti mismo.

Le estás dando al pequeño dentro de ti una voz. Estás diciendo, "Te veo, y soy lo suficientemente seguro como para dejarte ser tonto."

Esta facilidad espontánea es el pago final. Dejas de sentirte rígido y comienzas a sentirte fluido. Ya no estás gestionando heridas. Estás viviendo plenamente.

Este es el sonido de la totalidad. Suena a risa. Se siente como una absoluta facilidad.

EL PAGO ÚLTIMO: POR QUÉ LOGRAR "SEGURIDAD INTERNA" SIGNIFICA QUE NUNCA MÁS TIENES QUE PREOCUPARTE POR EL FUTURO

Has completado el círculo completo.

Comenzaste este viaje sintiéndote fragmentado.

Te preocupabas por la próxima crisis.

Sentías una profunda sensación de temor hacia el futuro.

Ahora, definimos el pago final.

Se llama Seguridad Interna.

La Seguridad Interna no es un sentimiento de estar protegido del mundo.

Es el conocimiento de que estás protegido dentro del mundo.

Significa que el adulto que eres hoy garantiza una presencia inquebrantable para el yo más joven dentro.

Esto cambia todo sobre cómo ves el mañana.

El mayor miedo que llevamos es el miedo a ser abandonados.

Ese abandono se sintió real cuando eras pequeño.

Ese miedo alimentó tu ansiedad sobre el futuro.

El Niño Interno se preocupa, "¿Quién me atrapará si caigo la próxima vez?"

El Padre Interno ahora avanza y responde, "Yo lo haré."

Este es el fin de esforzarse por garantías externas.

No necesitas un trabajo perfecto para sentirte seguro.

No necesitas una relación perfecta para sentirte amado.

Ya no dependes de las circunstancias externas para tu estabilidad.

Tu estabilidad se construye dentro de tus propios huesos.

Lograr la Seguridad Interna significa que confías en tu propia respuesta.

Cuando llega la crisis, la antigua reacción era pánico y colapso.

La nueva reacción es calma y competencia.

El adulto toma la delantera.

El adulto enraiza el cuerpo.

El adulto dice, "Hemos manejado esto antes."

Te has probado tu propia fiabilidad.

Ese compromiso es más fuerte que cualquier contrato.

Esas consistencias son más valiosas que cualquier cuenta bancaria.

Cuando la parte pequeña de ti entra en pánico por un posible fracaso, no discutes.

Sencillamente regulas.

Sencillamente tranquilizas.

El trabajo de un adulto no es prevenir que sucedan cosas malas.

El trabajo del adulto es manejar el clima interno cuando suceden cosas malas.

Ahora eres el maestro de tu sistema climático interno.

Sabes cómo calmar la tormenta.

Sabes cómo encontrar la luz del sol.

Eres el hogar.

Eres el refugio.

La preocupación por el futuro es a menudo solo el yo más joven gritando por pruebas.

No necesitas dar pruebas de un resultado perfecto.

Solo necesitas dar pruebas de tu presencia confiable.

Este trabajo está hecho.

Tu mundo interno está anclado.

Puedes mirar hacia el horizonte sin miedo.

No porque el horizonte esté claro.

Sino porque quien sostiene el timón eres tú.

Y nunca soltarás.

Estás a salvo.

Estás completo.

La preocupación ha terminado.

EPÍLOGO

EL VÍNCULO INQUEBRANTABLE: TU COMPROMISO CON LA PARTE MÁS PEQUEÑA DE TI MISMO (Y LO QUE SUCEDE DESPUÉS)

Lo hemos logrado juntos aquí.

Este es el momento de reconocimiento.

Mira lo que has logrado.

Has creado algo hermoso y fuerte dentro de ti mismo.

Has hecho el trabajo tranquilo y consistente de presentarte.

Te negaste a escuchar la mentira de que estabas roto.

Ya no navegas por el mundo solo.

Esa sensación de vacío ha sido llenada con presencia.

Has aprendido a convertirte en el hogar estable y amoroso que tu yo más joven siempre necesitó.

Construiste el santuario.

Estableciste los límites.

Aprendiste el lenguaje del silencio y el pánico.

Escuchaste la verdadera solicitud bajo el fuerte miedo.

Lleva esta conexión hacia adelante en cada momento.

Esta es tu promesa a ti mismo.

Nunca abandonarás a esta pequeña y esencial parte de ti nuevamente.

Ese es el verdadero significado del vínculo inquebrantable.

El adulto está aquí para quedarse.

El niño finalmente está lo suficientemente seguro para jugar.

Confía en la calma que has construido.

No es temporal.

Es la nueva configuración predeterminada de tu sistema nervioso.

Si vuelve la tormenta, ya conoces el procedimiento.

Te enraizas.

Respiras.

Tranquilizas.

Te presentas.

Esta capacidad de autorregularte es tu mayor protección.

Estás superando la identidad de alguien que está sanando.

Ahora simplemente estás viviendo como una persona completa.

Lo que sucederá después es facilidad.

Lo que sucederá después es alegría espontánea.

Lo que sucederá después es autenticidad sin el peso aplastante del Crítico Interno.

Puedes vivir tu vida, apoyado por el mejor padre del mundo: tú.

Estás completo.

Estás a salvo.

Sigue respirando.

Sigue sosteniendo.

Y sigue siendo el increíble, amoroso y estable padre que eres.